Respirer le bonheur

un livre pour se faire du bien au quotidien

Jacynthe René

Respirer le bonheur

un livre pour se faire du bien au quotidien

LES ÉDITIONS
PUBLISTAR
Une compagnie de Quebecor Media

Catalogage avant publication de Bibliothèque et archives nationales du Québec et Bibliothèque et archives Canada

René, Jacynthe

    Respirer le bonheur : un livre pour se faire du bien au quotidien
    ISBN 978-2-89562-382-3
    1. Vie rurale. 2. Estime de soi. 3. Environnement - Protection. I. Titre.

S521.R46 2012   307.72   C2011-942623-4

Édition : Nadine Lauzon
Révision linguistique : Véronique Perron
Correction d'épreuves : Caroline Turgeon
Couverture, grille graphique intérieure et mise en pages : Clémence Beaudoin
Photos : Stéphanie Lefebvre

Remerciements
Nous reconnaissons l'aide financière du gouvernement du Canada par l'entremise du Fonds du livre du Canada pour nos activités d'édition.
Gouvernement du Québec – Programme de crédit d'impôt pour l'édition de livres – gestion SODEC.

Les Éditions Publistar
Groupe Librex inc.
Une compagnie de Quebecor Media
La Tourelle
1055, boul. René-Lévesque Est
Bureau 800
Montréal (Québec) H2L 4S5
Tél. : 514 849-5259
Téléc. : 514 849-1388
www. edpublistar.com

Dépôt légal – Bibliothèque et archives nationales du Québec et Bibliothèque et archives Canada, 2012

ISBN : 978-2-89562-382-3

Distribution au Canada
Messageries ADP
2315, rue de la Province
Longueuil (Québec) J4G 1G4
Tél. : 450 640-1234
Sans frais : 1 800 771-3022
www.messageries-adp.com

À mes amours, Louis, Charles et mon partenaire de vie,
qui m'inspirent tout.

SOMMAIRE

AVERTISSEMENT

Ce livre s'adresse à ceux qui ont le choix.

Je suis consciente qu'il existe pour plusieurs des contraintes qui les empêchent de vivre tel qu'ils le souhaiteraient réellement ; j'ai moi-même connu le désespoir et il m'arrive encore de le rencontrer. Certains passages ne conviendront pas à tous, mais j'espère, en toute humilité, que chacun y trouvera des nouvelles idées et même de l'inspiration.

Ce petit ouvrage a trouvé vie autour du fait qu'une même recette ne peut convenir à tous puisque nous sommes tous différents. Si l'on peut en tirer quelques trucs pour nous aider à bien vivre notre vie, s'il peut nous faire penser autrement ou s'il nous fait adopter de nouvelles habitudes de vie, alors il aura trouvé sa raison d'être. Ce livre a pour but de nous aider à nous poser des questions et à réexaminer nos actions pour nous rapprocher du bonheur le plus souvent possible.

INTRODUCTION
ET SI ON S'ÉTAIT TROMPÉ...

J'ai écrit ce livre sans prétention. Je ne pense pas détenir LA recette (je suis antirecettes) qui s'applique à chacun. Cet ouvrage n'est pas fait pour être suivi à la lettre, mais s'il peut proposer de nouvelles possibilités, détendre quelques personnes et en réconforter d'autres, c'est tant mieux. À la lecture de ce livre, l'idéal serait de se remettre en question ou de ne prendre que ce qui nous convient ou nous éveille.

Respirer le bonheur est un livre sur le respect au sens très large : le respect de soi, le respect de notre partenaire, le respect de nos enfants et celui de cette terre qui nous nourrit. Sans oublier celui des rêves qui nous habitent. C'est un livre sur l'importance de s'honorer et d'honorer ce qui nous entoure. Ce respect peut passer par un retour à ce que l'on est ; ce que l'on aime et ce que l'on désire en opposition à ce que l'on nous suggère ou que l'on nous dicte d'être. Cette réflexion peut se faire en se recentrant sur notre instinct, notre force, notre pouvoir, nos racines et notre terre. Je souhaite que ce livre vous donne envie de vous retrouver et qu'il soulève en vous des réflexions.

Bonne lecture !

Jacynthe René

« L'enfant serait notre dernière utopie [...] Dans les sociétés où ont disparu les grands idéaux [...] l'enfant serait-il l'ultime ressource pour réenchanter le monde ? »

Martine Fournier, *L'enfant du 21ᵉ siècle*, Grands Dossiers n° 8, Sciences humaines, septembre-octobre-novembre 2007.

CHAPITRE 1
LE DÉCLIC

Le déclic m'est venu de la théorie voulant que l'on doive laisser pleurer son enfant pour qu'il s'endorme seul et qu'il fasse ses nuits rapidement. Cette idée provient de livres du genre « Mon enfant ne dort pas » qui recommandent de laisser son bébé pleurer de plus en plus longtemps (de cinq à quinze minutes) seul dans son lit, en allant le voir seulement après un certain temps, pour qu'il s'endorme de fatigue ou de résignation. Lorsque mes enfants étaient en bas âge, trop de personnes m'ont demandé si j'appliquais cette méthode. Si tel était le cas, nous serions le seul animal à laisser nos petits en détresse ; tous les autres animaux veillent jalousement sur leur progéniture et la protègent. Peu d'entre eux laissent les autres s'en approcher. Nous, êtres humains, avons pour seule différence la capacité de réfléchir. Cet « avantage », cependant, ne nous conduit pas nécessairement toujours vers la bonne direction.

J'imagine le pauvre bébé qui pleure la nuit, fébrile, seul dans son berceau : il a besoin qu'on le prenne en position verticale pour le libérer de cet air qui le dérange et qui lui fait mal. Je crois fermement qu'il ne faudrait pas s'abstenir d'aller le consoler simplement parce qu'il est écrit dans un livre de laisser pleurer son enfant pendant un nombre précis de minutes avant d'aller le voir, sous prétexte que l'on veut l'aider à faire ses nuits. Le bébé est, selon moi, un être vulnérable qui compte sur ses parents et alors, ces deux personnes en qui il met toute sa confiance ne viendraient pas l'aider. Personne ne viendrait l'aider. Ce qu'il vit dans un tel moment est certainement terrible. Je ne crois pas qu'un bébé pleure pour rien. Un bébé n'est pas capricieux. Il n'a aucun autre repère que ses parents. Il est incapable de mettre en perspective ce qu'il vit. Et tout ça pourquoi ? Pourquoi le laisse-t-on pleurer ? Pour que l'on puisse dire avec fierté qu'il fait déjà ses nuits ? Pour qu'il nous aide à mieux performer ? Pour qu'il soit autonome ? Bien sûr, on aimerait tous que notre bébé fasse ses nuits le plus rapidement possible afin que l'on puisse avoir du temps pour se reposer. Mais est-ce vraiment mieux de laisser son bébé pleurer sans répondre à ses besoins ? Car il est évident qu'à un certain moment, le bébé se résigne et arrête de demander de l'aide. Ça ne veut toutefois pas dire que la «technique» fonctionne ; ça veut peut-être simplement signifier que le mal est fait.

Je ne veux pas porter de jugements (quoique c'est parfois difficile…), mais je note et j'observe les commentaires et les attitudes des gens. Je n'aime pas non plus recevoir des conseils gratuits. Et je ne veux pas en faire… Tout ce que j'ai envie de dire c'est que nous utilisons souvent des recettes toutes faites, mais qu'elles ne sont peut-être pas toujours celles qui nous conviennent le mieux. Elles peuvent certainement répondre à des besoins personnels, pour nous permettre de produire davantage, par exemple, mais est-ce vraiment la bonne chose à faire ?

Je suis en faveur de l'autonomie chez l'enfant, mais non de la performance à l'âge de six mois. D'ailleurs, est-ce que ce bébé que l'on laisse pleurer deviendra réellement plus autonome ? N'est-il pas plutôt en train de perdre ses repères ? En fait, je suis profondément convaincue que c'est davantage celui qui aura été réconforté par ses parents qui aura le plus confiance en la vie et qui se tournera éventuellement vers le monde

Je suis en faveur de l'autonomie chez l'enfant, mais non pour la performance à l'âge de six mois.

extérieur. Est-il possible que cette technique de laisser pleurer son enfant ne soit pas la meilleure ? que l'on se soit trompé sur ses bienfaits ? De façon générale, les modèles véhiculés par la majorité sont rarement remis en question. Mais serait-il possible que les théories présentées dans ces livres soient erronées ? Dès qu'un message (lire plutôt doctrine) est émis par des gens d'autorité, particulièrement si c'est à travers les médias, un pourcentage inquiétant de la population l'acceptera sans se poser de questions.

Au quotidien, tellement d'informations, de «conseils» et de recettes nous sont présentés qu'on les «avale» sans réfléchir, sans se questionner. Pire, on les redistribue, on les cite. À l'exception du monde du sport professionnel (milieu plus sérieux que la maternité et l'éducation) où, dans les émissions de radio ou de télé, dans les journaux et dans les lignes ouvertes, on se fait un plaisir à revoir les stratégies, les règlements et les façons de faire. Mais pour nos bébés et nos enfants, on suit le courant de la course à la performance : faire ses nuits à trois mois, fréquenter un établissement préscolaire, se préparer pour la scolarisation à l'école internationale, apprendre une troisième langue, participer à de nombreuses activités parascolaires ou à des cours à gauche et à droite qui ne leur laisse plus le temps d'être des enfants, et ce, sans se demander si c'est bon pour eux, pour leur développement… ou juste pour leur bonheur. Ultimement, je crois que l'on ne devrait accepter ou enseigner que ce que l'on peut vérifier et expérimenter soi-même.

Évidemment, nous sommes le résultat de l'assimilation de toutes ces informations que nous recevons. Mais nous avons également l'intelligence qui nous permet de filtrer, de trier. Pour ma part, j'ai d'abord réfléchi aux références et aux statistiques que j'accepte et que je mets en pratique à ce moment-ci de ma vie. Évidemment, j'utilise les informations qui conviennent à ma propre philosophie et à ma façon de vivre ma vie. Et pour me donner un peu de poids, je repousse tout ce qui est en contradiction avec celle-ci.

Ne devrions-nous pas nous questionner lorsque de purs inconnus nous dictent comment nous occuper de nos enfants ? Comment une « recette » sur l'éducation pourrait-elle s'avérer universelle et donc s'appliquer à tous les enfants, sans exception ?

Le fait est que dès qu'une personne détient un titre (du simple bachelier au doctorant, en passant par le professionnel et l'expert), ou s'en donne un (!), elle fait, pour plusieurs, figure d'autorité. Pourtant, certains professionnels, même vingt-cinq ans après avoir posé un diagnostic, se sont excusés ou ont avoué s'être trompés. On s'entend que tout le monde peut faire des erreurs (même un professionnel), mais il ne faut tout de même pas prendre chaque information entendue à la radio ou lue dans un livre comme la vérité absolue. Surtout que si l'on s'y arrête bien, comment pouvons-nous penser qu'un même conseil peut s'appliquer à des millions d'enfants ?

Un bébé qui pleure est un bébé qui éprouve un besoin ; c'est sa seule façon de communiquer. Un bébé ne connaît pas le caprice. Et d'imaginer un bébé seul dans son berceau, qui a besoin d'être rassuré et d'être soulagé, me trouble. Ça vient me chercher. J'aimerais pouvoir soulager tous les bébés qui pleurent.

Et si l'on s'est trompé sur une chose aussi fondamentale que le besoin de réconfort de nos enfants, il m'apparaît fort probable que l'on fasse également fausse route dans plusieurs autres domaines. Ce livre est donc pour ceux qui désirent voir une autre façon de faire les choses, de penser, de vivre en encourageant les parents à s'écouter, à répondre aux besoins de leurs enfants, à veiller sur eux et à les réconforter. J'en profite aussi pour partager certaines idées très simples sur la santé, la vitalité et le bonheur. Rien de révolutionnaire.

À l'écoute de son instinct

Les nouvelles mamans doutent souvent d'elles-mêmes et ont donc tendance à suivre les conseils de leur entourage ou les différentes techniques d'éducation présentées dans les livres spécialisés sur la question, et ce, malgré ce que leur dicte leur instinct maternel. Cela n'a pas été mon cas, parce que je suis entêtée et que je vis depuis longtemps selon mes valeurs. Aussi, à la naissance de mon aîné, je me suis complètement isolée ; j'ai vécu en symbiose avec mon bébé. Puis j'ai fait la même chose avec mon deuxième fils et ce fut tant mieux pour moi, car cela m'a permis de me découvrir comme mère.

Je crois qu'il faut simplement cesser d'écouter tout bonnement les autres. Nous devons être sceptiques, nous poser des questions et nous recentrer sur nous-mêmes, sur nos valeurs profondes, et nos instincts. Alors, la réponse viendra d'elle-même. Lorsque l'on est en harmonie avec soi-même en tant que parent, il est facile d'être comblé par les situations qui correspondent à ce que l'on désire réellement.

> **Lorsque l'on est en harmonie avec soi-même en tant que parent, il est facile d'être comblé par les situations qui correspondent à ce que l'on désire réellement.**

J'écoute les gens inspirants. J'adore demander conseil à une personne que je trouve épanouie et dont les enfants respirent la joie et resplendissent. Je suis alors curieuse d'en apprendre davantage sur ce qui les rend heureux. Si je vois un bonheur expérimenté, je questionne la source même. Je n'applique pas de théories douteuses promues par je ne sais qui, à l'aveugle. Pour mes enfants, c'est tellement important. Je veux voir de mes yeux les résultats ; je ne veux pas apprendre de quelqu'un qui n'a pas vécu la situation en question, mais qui aurait seulement étudié et transmis les informations. Donc, si je ne vous demande pas de conseil, ne m'en donnez pas, cela ne m'intéresse pas. Pour ma santé, même principe, je m'inspire de gens que je trouve attrayants. Nous sommes les meilleurs juges pour nous-mêmes et pour nos enfants. Alors ne laissons pas pleurer bébé si nous ne sommes pas profondément confortables avec cette pratique. Si ce livre pouvait susciter des questionnements et réconforter des mamans qui ne s'identifient pas aux modèles actuels, je serais comblée.

Je suis et je suis avec

On entend souvent les gens dire que le temps passe vite. Je ne trouve pas. Il passe, tout simplement. Je n'ai aucun regret en lien avec la petite enfance de mes enfants. Je ne peux pas être plus présente que je lui suis maintenant. Oui, j'ai refusé quelques rôles, mais je me reprendrai plus tard. J'ai fait le choix d'être avec mes enfants et de l'être complètement. Je crois qu'on ne manque rien lorsque l'on fait des choix en accord avec qui l'on est. Au contraire, c'est souvent à ces moments que la vie, ou ce que nous sommes, nous mène vers de grandes réalisations. Probablement qu'en pleine carrière ou à courir après des buts que l'on se fixe (ce qui n'est pas nécessairement irréalisable, mais ce que je veux dire c'est que nous sommes toujours en train de nous fixer des buts au lieu «d'être») nous passons à côté de qui nous sommes véritablement et de ce que nous pouvons créer de grandiose et de valorisant. Il faut parfois s'arrêter pour laisser le bonheur être. Je suis avec mes enfants ; je suis avec mon chum ; je suis en harmonie avec la terre, avec la vie et sa magie ; je suis revenue à la source ; je m'écoute ; je suis ce que j'aime ; je suis ce que je veux ; je suis ici et j'en profite au maximum !

Un nouveau modèle, pourtant ancien

Je suis fatiguée d'entendre seulement parler (et rire) de la maman qui n'est pas toute là ; de celle qui est imparfaite. C'est à la mode en ce moment, et c'est correct, puisque aucune mère ne peut prétendre être parfaite. Mais je regarde notre société d'aujourd'hui et je constate que les enfants, bien malgré eux, paient pour nos choix. Je pense qu'il y a un juste milieu, ou un équilibre familial (qui est plus que parental), à atteindre. Je sais que moi, je suis l'autre extrême : la maman qui, sans tout abandonner, en fait beaucoup pour ses enfants et les a toujours dans ses bras.

Le modèle de société qui est présentement véhiculé ne me rejoint pas du tout et j'ai peur aux conséquences désastreuses qu'il aura sur nos enfants. Avec l'arrivée de la «modernité», on a oublié les façons de faire d'il n'y a pourtant pas si longtemps. J'ai, pour ma part, choisi plutôt de miser sur mes propres valeurs et sur l'harmonie avec la vraie nature des choses. J'ai voulu créer un monde «sur mesure» pour ma famille et moi en dépit de ce que la société véhicule comme idéal. Je désire un univers où l'on prend du temps pour être avec ses enfants et pour les réconforter quand ils en ont besoin. Pour mon couple, je souhaite un univers où l'homme et la femme s'encouragent à vivre leur vie, à travers une vie commune. Je veux également un univers où la santé est une priorité et où l'on vit davantage en harmonie avec ce que nous sommes et ce qui nous entoure. Pour y arriver, j'ai tout simplement misé sur la recherche du plaisir et la magie.

J'ai choisi de remettre ces priorités au cœur de ma vie. *Respirer le bonheur* présente ma vision du monde idéal. J'ai voulu présenter une alternative qui, je l'espère, permettra à plusieurs personnes d'être davantage en accord avec elles-mêmes.

CHAPITRE 2
LES ENFANTS AU CŒUR DE NOS VIES

Si je meurs demain,
je veux être avec eux aujourd'hui

Mes fils sont au cœur de ma vie. Tout ce que je fais, je le fais en pensant d'abord à eux et pour être avec eux. Je ne joue pas nécessairement toujours avec eux, mais je suis avec eux. L'anthropologue Jean Liedloff[1], dans son concept du continuum, a écrit que l'enfant n'est pas fait pour être le centre de notre attention, mais pour être avec nous, pour nous accompagner, bien appuyé sur notre hanche. Je partage tout à fait cette vision des choses. D'ailleurs, dans plusieurs pays les enfants sont constamment avec leurs mères (et tout le monde trouve cette situation normale). Dans certains pays en voie de développement, les enfants manquent pratiquement de tout, mais ils sont toujours avec leur mère, leurs frères, leurs sœurs. Il me semble qu'ils rient davantage que nos enfants choyés parce qu'ils sont des enfants confiants. J'ai vécu en Côte d'Ivoire de l'âge de dix à douze ans et j'ai l'impression que ma vie a commencé là, marquée par de riches expériences qui me donnèrent une perspective pour toute ma vie. Je voyais les bébés collés à leur maman à longueur de journée : dans les bras, dodo dans le dos ou nous regardant du sein de celle-ci alors qu'elle nous vendait ses ananas. Les enfants riaient malgré leur misère que nous seuls semblions voir. Ils jouaient dehors avec presque rien. Les filles prenaient le même

---

1   www.continuum-concept.org/

soin des bébés que leurs mères. Tous dormaient ensemble. Ce que l'on remarque ensuite, ce sont des hommes et des femmes tout à fait dans leur corps et dans leur vie qui prennent le temps de prendre le temps (des fois même trop, mais ne finissons-nous pas tous à la même place ?) et qui rient avec leur cœur.

Plusieurs mères ne sont pas à l'aise d'emmener leur bébé partout avec elles, car elles craignent souvent de déranger. Pourtant, les choses ne devraient pas être ainsi. J'amène Charles partout avec moi et lorsque Louis était petit, il m'accompagnait tout autant. Je suis avec mes enfants, point. Et ce n'est pas pour les montrer : je n'ai pas envie de faire garder mon fils parce que je dois me rendre à un rendez-vous ou faire des courses. Les mères ne devraient pas se sentir mal à l'aise de vivre avec leur bébé. On s'annonce d'abord avec son enfant, puis s'il commence à s'agiter, il est toujours possible de s'éloigner un peu si l'on craint de trop déranger. Cette façon de faire les choses crée des bébés heureux qui s'adaptent bien à bon nombre de situations. Ils apprennent à devenir des êtres compréhensifs, détendus et affectueux, qui sont bien dans leur vie, bien avec les autres et qui aiment communiquer même s'ils ne possèdent pas encore les mots pour le faire. Évidemment, ces traits de personnalité demeurent chez l'enfant qui grandit.

Par le fait même, j'essaie autant que possible de respecter une routine pour les repas de mon enfant et un rituel avant de le mettre au lit, sans toutefois me limiter à un cadre rigide ou à des heures fixes. Il est essentiel que mon bébé me suive et reste avec moi le plus souvent possible. Aucune soirée ou première ne me plaît autant que de me trouver auprès de mon enfant, de l'endormir et de le sentir contre moi... avec mon chum pas trop loin !

Je ressens le besoin fondamental d'être près de mes bébés : ils dépendent de moi puisque je les nourris. La nature est ainsi faite. Le bébé, rapporte Jean Liedloff, digère rapidement le lait de sa maman afin qu'elle reste auprès de lui pour le nourrir, mais aussi parce qu'il a besoin de se sentir en sécurité en étant près d'elle le jour comme la nuit. (On y reviendra plus loin.)

Louis avait six mois la première fois que je l'ai laissé pour une quinzaine de minutes, et Charles en avait huit la première fois que je suis partie une trentaine de minutes. Et il n'avait que huit jours la première fois qu'il m'a accompagnée au théâtre. Je comprends fort bien qu'on ne puisse ni plaider à la cour avec son bébé ni opérer à cœur ouvert, mais il y a tout un monde à explorer et à encourager entre l'extrême présence que j'occupe auprès de mes enfants et un bébé à temps plein en garderie.

Maison ou garderie?

Au commencement de sa vie, un nourrisson reconnaît à peine deux personnes, puis ce nombre augmentera au fur et à mesure qu'il vieillira. «Pour assurer sa survie, l'enfant doit s'attacher à son donneur de soins», mentionnent Danielle Marchand et Estelle Bernard, de l'organisme PÉTALES Québec[2]. Les enfants cherchent l'amour là où ils sont aimés, réconfortés et où leurs besoins de base sont comblés, et c'est quelqu'un de sa famille qui pourra le mieux satisfaire ses besoins. L'enfant apaisé, parce qu'on a répondu à ses demandes, sécrète une hormone de bien-être. C'est ainsi que la lecture de sa confiance en l'autre se construit dans son cerveau. Si le besoin n'est pas comblé, ce développement ne se fait pas et des troubles pourraient survenir par la suite.

L'amour d'une gardienne ne remplacera jamais celui d'une mère, d'un père ou des grands-parents; il y a bien sûr des alternatives meilleures que d'autres, comme la nounou à la maison qui est devenue un membre de la famille ou comme des garderies en milieu familial «humaines». Par contre, je sais que notre société n'est pas faite pour que les mamans demeurent à la maison, je trouve cela malheureux. Mais pourquoi alors ne pas penser à des solutions de rechange? Je sais que plusieurs parents n'ont pas d'autre choix que de travailler à plein temps. Je sais également que d'autres sont parfaitement heureux de concilier travail et vie

---

2   www.petalesquebec.org/index.php

de famille ; un parent épanoui profite à l'enfant. Pour certains enfants, aussi, la garderie est un meilleur milieu d'apprentissage, de bien-être et d'épanouissement que le nid familial. J'ai aussi une amie dont les trois enfants ont vécu paisiblement le passage en garderie familiale, sans heurt ni crise, et aujourd'hui, ce sont des enfants confiants.

Donc pour vous, parents à l'aise avec vos choix, passez directement au chapitre trois. Par contre, pour tous les autres qui sont surchargés, pour qui ça ne fonctionne pas et qui aimeraient rester avec leur famille, j'espère que vous vous sentirez appuyés, réconfortés et trouverez des solutions à la lecture des pages de ce chapitre-ci. Je ne souhaite ni choquer qui que ce soit ni faire l'unanimité, mais plutôt tenter de rassurer celles et ceux qui se sentent seuls et dépourvus.

Étant donné que nous vivons dans une époque où la tendance est au détachement de son enfant le plus rapidement possible et où le rôle de la maman à la maison n'est pas encouragé, encore moins valorisé, il serait bon de s'arrêter, d'examiner la situation et de faire nous-mêmes la promotion du rôle que nous désirons tenir. Posons un regard sur nos enfants – qui ont besoin d'attachement pour bâtir leur vie – et mettons la lumière sur le bonheur d'être avec eux, sur la vie qui coule doucement lorsque l'on est à leur côté et sur leur épanouissement.

D'abord, je pense qu'il faut cesser de croire que les milieux de garde développent la sociabilité d'un enfant d'un an (ne développent-ils pas plutôt la combativité pour obtenir de l'attention ou un jouet ?). Dans la plupart des ouvrages de pédagogie de la petite enfance, on déclare qu'en bas âge, les enfants ne jouent pas entre eux, mais chacun de leur côté. Aussi, malgré les efforts de socialisation, un enfant de garderie peut être timide ; tout dépend de sa nature personnelle et non pas d'avoir « socialisé » depuis son arrivée en milieu de garde.

Tout en étant consciente que certaines mères n'ont pas le choix de travailler, je sais pertinemment que plusieurs autres ont ce choix. À mes yeux, avoir une carrière pour se payer un moment de détente au spa ou un séjour dans un chalet, en dépit du bien-être et du développement harmonieux de ses enfants, ne fait aucun sens. Nos petits sont faits pour être avec nous, pour recevoir notre amour, pour se sentir en sécurité grâce à nous. Encore une fois, certaines mamans retournent au travail pour poursuivre leur carrière et leurs enfants vivent très bien le passage en garderie (si vous êtes l'une d'elles, vous devriez passer directement au chapitre trois).

> **Nos petits sont faits pour être avec nous, pour recevoir notre amour, pour se sentir en sécurité grâce à nous.**

Au grand dam de certains, il y a aussi des femmes qui ne travaillent pas et qui prennent des places de choix dans des garderies à « sept » dollars, lesquelles devraient d'ailleurs être réservées à celles qui en ont vraiment besoin. À force d'abus, ces « privilèges » récemment gagnés seront perdus. On n'a pas les moyens d'ouvrir toujours plus de centres de la petite enfance. En fait, certains croient que le montant versé par le gouvernement pour la garde d'un enfant en garderie devrait être aussi distribué à la maman qui prend la décision de garder ses petits auprès d'elle.

La société met tout en place pour que le parent puisse rester avec son enfant durant sa première année de vie. Mais en tant que parent, ne devrait-on pas envisager de laisser son emploi pour rester auprès de lui pendant ses cinq premières années (on n'a qu'une vie, après tout) afin de lui donner tout ce dont il aura besoin pour un bon départ dans la vie ? Je ne crois pas du tout faire l'unanimité avec cette proposition, au contraire ! On entend plus parler aujourd'hui de la maman, encouragée par ses pairs, qui a hâte de se libérer de son rôle de maman, que de celle qui rêve de rester auprès de son petit pour le dorloter, le couver, l'envelopper de douceur, le suivre... Le monde professionnel n'abonde pas dans ce sens et encourage plutôt le retour à la performance en double vitesse. Nombreux sont ceux qui trouvent normal qu'un bambin soit à la garderie dès l'âge de six mois. Pourtant, si je regarde mon cadet lorsqu'il avait dix-sept mois, il avait encore tellement besoin de moi! Je ne le quittais pas pour une période de plus de deux heures. J'aurais été attristée de manquer ses débuts de vie si précieux.

Je suis de nature hypersensible et mes enfants aussi. Ce caractère «à fleur de peau» influence probablement grandement ma façon d'être maman et cette idée que j'ai de ne pas «abandonner» mes enfants. Les mères qui sont naturellement sûres d'elles engendrent peut-être, quant à elles, des bébés plus confiants, qui se sentent à l'aise de quitter leur nid.

Pourquoi n'encouragerait-on pas les mamans déchirées à entreprendre des démarches auprès de leur employeur (ou à se trouver un nouvel employeur...) afin de rester avec leur enfant si leur instinct de mère leur crie de rester avec lui? La pression sociale est telle qu'elle répand chez elles la crainte d'être vite remplacées, au point où l'on manque comme jamais de places en service de garde. Pourquoi ne valoriserait-on pas l'équilibre entre la maternité et les «devoirs» à remplir? Le premier et le plus important de ces devoirs n'est-il pas de couver son enfant et de l'accompagner en confiance afin qu'il s'épanouisse jour après jour? Il n'est pas nécessaire d'avoir un gros revenu pour offrir un royaume à ses enfants; je posséderais une fortune de 150 millions de dollars que mes fils ne seraient pas plus heureux, confortables et rieurs.

Que deviennent les enfants qui se sentent abandonnés en garderie? Personne ne le sait encore vraiment. Nous découvrirons peut-être bientôt une première véritable génération de jeunes adultes qui ont été élevés par des étrangers et qui seront ainsi le phare de plusieurs autres. Comment seront-ils? Seul l'avenir nous le dira...

Nos modes de vie et nos organisations sociales représentent-ils un modèle idéal à suivre pour engendrer des êtres équilibrés, solides et prêts à se réaliser pleinement? Ne favorisons-nous pas plutôt, sans le vouloir, l'émergence de névroses, de drames et de carences émotives, en comparaison aux tribus isolées de tout, mais où les familles ont préservé les valeurs traditionnelles et où les enfants s'épanouissent au sein des leurs ? J'ai l'impression de constater une différence entre un enfant qui passe de longues heures en service de garde et celui qui n'y va pas. Je réalise également que certains enfants que l'on dit « à défi », parce qu'ils souffrent de troubles de comportements ou de manques affectifs, ont parfois été placés en garderie à l'âge de quelques mois seulement. Alors j'y reviens : quel genre d'adultes deviendront ces enfants ? Je ne suis pas la seule préoccupée par cette situation.

Plusieurs parents ont tout de même le choix. J'ai, pour ma part, refusé des rôles pour rester avec mes enfants. J'en ai accepté d'autres lorsque je pouvais les garder auprès de moi ou que ma mère était disponible pour eux. Lorsque cela est possible, il est merveilleux de profiter de cette aide des grands-parents. Il faut, en fait, que chacun trouve des solutions appropriées à sa propre situation. Par exemple, une semaine de travail de quatre jours est-elle envisageable ? aller au travail avec ses enfants ? obtenir l'aide d'autres parents ? se créer un emploi qui correspond davantage à ses valeurs ? La mode est présentement au vert ; elle devrait aussi être à l'équilibre travail/famille. Nous sommes sur la bonne voie pour réaliser de grands défis dans le domaine de l'environnement. Nous devrions déployer autant d'efforts pour nous offrir des vies familiales saines et des ressources pour être avec nos enfants où il fait si bon ! La vie est belle et nous indique souvent le bon chemin lorsqu'on l'écoute. Je suis de celles et ceux qui croient que tout arrive au bon moment sans rien forcer, pour les bonnes raisons, et que l'on réussit toujours à faire ce que l'on doit faire, car il ne sert à rien de courir ni d'envisager le pire puisqu'il ne survient pas.

Qui sait aussi où peut nous mener la maternité ? J'ai délaissé momentanément ma carrière pour être auprès de mes enfants, sans savoir qu'ainsi : je créerais une école, je développerais un immense jardin pour recevoir les enfants, j'écrirais ce livre (avec bébé sur moi, dans la voiture s'il s'y est endormi, la nuit lorsqu'il fait dodo ou lorsqu'il joue à côté de moi) et je réaliserais une série de DVD de danse exercice. J'avais envie de rester avec mes enfants et depuis, je ne me suis jamais autant réalisée en tant que maman et femme. Il ne faut pas avoir peur ; il faut être prêt pour l'aventure et sauter dans le vide. Commencer un livre avec deux pages blanches est si excitant ! (On y reviendra plus loin dans le chapitre sur la magie.)

Selon moi, il est faux de croire qu'en garderie, dans un groupe d'enfants du même âge (ce qui, premièrement, n'est pas naturel), les petits, à plusieurs pour une éducatrice, reçoivent l'amour, la compréhension et le réconfort d'une maman, d'un papa, ou d'un grand-parent. Comme dit le docteur Jean-François Chicoine, pédiatre : « Nos enfants ont besoin de se sentir en confiance avant tout[3]. » Comment alors réussit-on à s'en détacher si facilement aujourd'hui, sans même se poser de questions, simplement parce qu'il est normal que les enfants fréquentent une garderie ?

Toutefois, il y a des couples pour qui une deuxième source de revenu est essentielle. Il y en a d'autres qui ont compris, quant à eux, que de rester à la maison pour être avec les enfants (et ainsi épargner sur les frais de garde et les dépenses additionnelles, comme les frais de déplacement, vêtements, restos, etc.) rapportait davantage (sur tous les plans). À l'extrême, on ne peut pas juste faire des enfants pour ensuite les faire garder par des étrangers et les faire éduquer par l'État ! Se retirer de leur vie à ce point, se détacher d'eux de la sorte, ce n'est pas naturel. Si l'on croit qu'il n'existe aucun moyen pour demeurer avec ses enfants pendant leurs premières années d'existence, on peut d'abord faire confiance à la vie et se dire que si l'on est à la bonne place, là où l'on a réellement envie d'être, alors les solutions se trouveront sur notre chemin. On peut également « créer » ses propres solutions, soit en implantant un service de garde sur son lieu de travail ou en démarrant son entreprise à la maison, par exemple.

3   www.radio-canada.ca/radio/maisonneuve/27032006/71098.shtml

Il est peut-être également possible de travailler à temps partiel. À chacun sa solution.

Un enfant a besoin de ses parents, la nature est ainsi faite : un bébé n'est pas autonome dès ses premiers mois. Il est fait pour être d'abord nourri par sa mère, puis il se développera correctement ensuite s'il est rassuré par un parent et s'il peut bénéficier de la proximité de celui-ci à tout moment. Dans une famille, comme la nature fait les choses, il n'y a pas dix enfants du même âge, mais des plus grands qui inspirent et aident les plus jeunes.

Nous sommes des privilégiés de ce monde. Laissons-nous nos enfants en garderie pour ramener un deuxième salaire à la maison ou travaillons-nous au nom de notre « accomplissement professionnel » ? Nos enfants ne veulent pas être en service de garde durant des heures interminables chaque jour. Ce n'est pas leur souhait non plus que de voir leurs parents seulement une heure ou deux par jour, fatigués et impatients de surcroît… On se félicite de rester la première année de vie de nos enfants à la maison ? C'est la moindre des choses. Après, que fait-on ? Ne devrait-on pas être auprès d'eux afin de les aider dans leur épanouissement ? Certaines croient, à tort, qu'elles perdront leur « statut social » si elles ne retournent pas sur le marché du travail, d'autres ont peur de ne plus avoir de reconnaissance professionnelle, alors qu'il n'y a rien de plus important et de plus gratifiant que de veiller et de materner ses enfants. Il faut vraiment le vivre pour le constater. Qui nous a endoctrinés à ce point pour que l'on en arrive à croire que l'on s'accomplit davantage au travail plutôt qu'en vivant constamment entouré de ses enfants qui s'épanouissent, comblés grâce à nous, notre présence, notre temps et notre amour ? Il est impossible de trouver une profession ou un métier plus honorable, plus noble, plus important pour la société… et qui soit aussi satisfaisant que celui de mère ! Ce « travail » aura des répercussions sur les prochaines soixante-dix années de notre enfant… et sur les personnes qu'il côtoiera tout au long de sa vie ; l'effet papillon est interminable. Même chose

> Qui nous a endoctrinés à ce point pour que l'on en arrive à croire que l'on s'accomplit davantage au travail plutôt qu'en vivant constamment entouré de ses enfants qui s'épanouissent, comblés grâce à nous, notre présence, notre temps et notre amour?

pour l'enfant qui souffre de carences affectives en garderie…

À ce sujet, un court-métrage m'a profondément touchée il y a quelques années. Il évoque notre nouvelle société : en quelques minutes on voit une maman d'un milieu très modeste, les traits tirés et en peine, qui réveille son bébé à cinq heures du matin pour l'amener chez une amie qui le gardera gratuitement, afin de lui permettre d'aller garder l'enfant d'une autre femme, qui, elle, vit dans un château et n'a visiblement pas besoin de travailler, mais le fait tout de même pour des besoins autres que financiers. Voilà. Drôle de scénario. Les étrangers s'occupent maintenant de notre progéniture. La psychologie expérimentale a démontré que l'environnement immédiat joue un rôle majeur et même parfois plus déterminant que les gènes dans le développement de la personnalité de l'enfant. Sans mentionner que les enfants ont aussi besoin d'un milieu pour s'épanouir. Et ils n'en ont plus.

Les femmes d'aujourd'hui sont tellement performantes. Il faut arrêter d'avoir un horaire et un menu pour la semaine sur le frigo. Comment peut-on savoir si l'on aura envie de manger du macaroni jeudi prochain ? Il faut laisser la vie « être » et mettre fin à notre rythme effréné. Il faut laisser les choses se passer, s'asseoir sur le gazon avec nos enfants, regarder les animaux, les arbres… Se laisser être, vivre ! Laisser nos enfants être, vivre ! Laisser notre amour être, vivre ! Je suis heureuse à la maison. En tant que maman, j'ai découvert le sens de ma vie en étant auprès de mes enfants et j'ai tellement de choses à vivre, autre que le travail comme je le connaissais auparavant. Je ne peux pas délaisser mes enfants. Je pense qu'une maman est faite pour couver ; il s'y trouve un si grand bonheur à le faire. J'ai mis ma carrière temporairement de côté, en me disant qu'elle reprendrait lorsque viendrait le temps. Puis comme de fait, lorsque mon benjamin a eu dix-sept mois et n'était plus dépendant de moi «physiquement» le jour, une belle proposition professionnelle m'est apparue, comme par magie ; ainsi que ce fut le cas avec mon aîné, justement au moment où je me sentais bien avec l'idée de reprendre le boulot, sans travailler des semaines complètes, juste assez, avec mon bébé heureux à mes côtés, ou pas trop loin. J'ai aussi choisi pendant des années de ne pas travailler pour ne pas les envoyer en garderie.

Comment se fait-il qu'en quelques dizaines d'années seulement on se soit autant coupées de notre instinct maternel ? Pour certaines mamans de la génération actuelle, il peut presque être normal de se détacher de ses enfants. Stupéfaite, ahurie, il m'est même arrivé d'en voir qui étaient écœurées de se faire réclamer de l'amour par leur propre enfant ! Rien ne va plus.

Je ne suffoque pas en restant à la maison. Je n'ai pas besoin de temps pour moi. Quand cela arrive, je l'apprécie, sans plus… à condition que ce moment ne dure pas trop longtemps ou que mon fils n'ait pas besoin de moi. C'est même plutôt le contraire : je m'ennuie si je ne suis pas avec lui ! Mon temps pour moi viendra, cela ne presse pas. Être avec mon bébé, l'avoir dans mes bras ou le regarder dormir, c'est tellement bon que je ne veux pas vivre de moment sans lui. J'aurais pourtant bien d'autres choses à faire. Je cuisine à peine, je préfère répondre aux besoins de mon bébé. L'important se fait, comme par magie. Et l'important change (les priorités ne sont plus les mêmes). Histoire de vivre le parfait bonheur, mon partenaire partage la même joie que moi. Nous sommes bien en famille. Nous ne faisons pas garder les enfants et cela ne nous manque pas. Nous avons du temps à nous lorsque les enfants se couchent. À ce moment-là, nous nous retrouvons et c'est merveilleux.

Maman, j'aime être dans tes bras

Je n'ai jamais laissé pleurer mes enfants et j'ai toujours gardé mes bébés dans mes bras, au grand désarroi de tous ceux qui m'entourent, à l'exception de mon amoureux. Cela semble déranger beaucoup de monde que mon petit soit toujours sur moi. De grâce, arrêtez de me dire de le déposer! J'ai envie qu'il soit dans mes bras. Pour moi, ne pas porter mon enfant serait un gros manque à mon bonheur. J'adore sentir mon bébé contre moi et sentir sa respiration. S'il a passé neuf mois dans mon ventre, il devrait en passer tout autant dans mes bras et se sentir aussi bien en dehors qu'il l'était en dedans. Cela est naturel.

Le toucher est vital. D'où l'importance du contact peau à peau qui, apparemment, a de multiples bienfaits. Des études ont démontré qu'il permettrait au cerveau du bébé de se développer plus rapidement[4]. Cela est plein de bon sens puisqu'un enfant qui se sent en confiance ne se met pas de barrières et peut se développer harmonieusement. Il sait que quelqu'un veille sur lui et qu'il est en sécurité.

Pour encourager ce peau à peau, plutôt que le «peau à vinyle», mes fils n'ont jamais eu de parc, de lit de bébé, de bain ou de poussette (et c'est à peine s'ils ont connu la chaise haute). Et j'aurais été tout aussi malheureuse d'avoir été remplacée par une suce ou une doudou. Ces espaces ou objets peuvent être utiles à certaines mères, mais pour moi, ils ne sont pas nécessaires. Il y a quelques années, j'ai eu le privilège de rencontrer le dalaï-lama. En me voyant avec Louis dans les bras (j'étais la seule femme présente à cette occasion avec son enfant), il est venu directement vers nous, à trois reprises, pour le bénir. Et comme j'étais toujours avec mon petit, je n'ai pas pensé à ce que cela représentait. Un moine tibétain présent à ce rassemblement a dit qu'il était bon de voir une maman avec son bébé sur elle, plutôt qu'une maman qui pousse son bébé devant elle. À bien y penser,

---

4   http://bit.ly/peauapeau

il est effectivement plus logique de transporter son enfant sur soi que de lui faire traverser la rue le premier dans sa poussette. En prenant l'habitude de porter notre bébé dès la naissance, on se rend à peine compte qu'au fil du temps, il prend du poids. Notre corps s'adapte graduellement et se muscle au fur et à mesure de la croissance de notre bébé (plusieurs pensent que je m'entraîne en gym tellement mon dos et mes bras sont découpés).

Le contact peau à peau avec son bébé ne comporte que des bienfaits. Il développe le cerveau du bébé plus rapidement, l'aide à établir son sentiment de confiance et l'amène à être chaleureux et aimant. Un enfant ne peut pas être indépendant à l'âge de six mois, même s'il performe…

J'ai fait le choix d'être seule avec Louis après sa naissance ; je me suis volontairement isolée. Je voulais rester dans ma bulle, c'était plus fort que moi. Je me suis alors découverte maman poule et je vivais très bien avec cette idée. Je regarde le résultat aujourd'hui : j'ai un garçon qui aime la vie et qui n'a pas peur. Le fait qu'il ait passé beaucoup de temps dans mes bras n'en fait pas pour autant un enfant qui reste dans mes jupes maintenant. Bien au contraire, Louis me fait confiance et il fait confiance à la vie.

Dodo avec bébé

J'ai aussi fait le choix de dormir avec mes bébés. Je ne le recommande pas pour autant, cela est trop controversé. Je parle simplement de ce que je connais. Cette façon de faire est idéale dans mon cas, car elle me permet de me reposer et d'être si bien, si heureuse. Plusieurs personnes me confient pourtant regretter de ne pas avoir fait la même chose.

Le jour, mon bébé s'endort sur moi, car il n'y a rien de plus apaisant que son petit qui s'abandonne dans nos bras. Puis la nuit, je dors dans son lit ; et je ne manquerais aucune occasion de le faire. De plus, lorsque j'allaitais, cela me permettait de ne pas avoir à me lever régulièrement et ainsi, d'être moins fatiguée au réveil. Parfois, il ne voulait pas boire, mais avait simplement besoin d'être réconforté, ou encore d'être levé pour le rot. Il n'a pas le temps de pleurer puisque je réponds immédiatement à ses besoins. Dormir avec lui est un immense bonheur. Je chéris mes nuits à ses côtés. Aussi, il semble naturel pour plusieurs adultes d'aimer sentir une présence dans leur lit, pourquoi en serait-il autrement pour un bébé qui sort tout juste du ventre de sa mère ? Si l'on pousse la réflexion, il y a cent ans, on dormait plusieurs dans la même chambre, parce que nous étions nombreux, parce qu'il faisait froid... On ne peut pas tout bousculer en si peu de temps !

Certaines femmes peuvent toutefois ne pas être confortables avec cette façon de faire et elles doivent, dans ce cas, s'écouter. Il faut également être consciente des risques d'accident possibles si l'on est très fatiguée, par exemple. Dans ce cas, il existe des petits lits qui peuvent être installés dans le nôtre ou juste à côté, et qui consistent peut-être en une solution alternative plus sécuritaire. À chacune sa manière de faire, mais pour moi, il m'est impensable de mettre mon bébé dans un berceau à côté de moi. Je n'arriverais pas à dormir, je passerais ma nuit à le surveiller pour m'assurer qu'il respire. Pour que je dorme bien les premiers mois, mon bébé dormait sur moi, nos respirations en symbiose. Les premières semaines après la naissance de Charles, on me demandait souvent si j'étais fatiguée ; au contraire, je me sentais en pleine forme ! Et comme mon amoureux n'avait pas à se lever, puisque je dormais avec notre bébé, il n'a jamais souffert de fatigue non plus. Ainsi reposé, il jouait avec les enfants les matins de fins de semaine pour que je puisse rester au lit et retrouver toute ma forme dans une profonde relaxation. Cependant, lorsque bébé eut vingt et un mois, ce fut tout autre chose ! J'ai trouvé cela parfois difficile la nuit, mais au réveil, j'étais prête à recommencer ! Le bonheur de mon fils vaut tout. Et un jour, je dormirai...

« Faire ses nuits »

« Faire ses nuits » : qu'il est merveilleux d'entendre enfin de « vraies » statistiques de la « vraie » vie disant qu'un bébé fait une nuit de cinq heures seulement à partir de l'âge de douze mois! Pourquoi alors forcer un nourrisson à faire ses nuits dès les premiers mois de sa vie? En se comparant aux autres mamans dont l'enfant fait ses nuits, la maman dont l'enfant se réveille constamment se sent coupable, lutte à contre-courant et se fatigue de ne pas avoir un bébé dans la «normalité». Alors que dans la réalité, il faut savoir que le lait maternel se digère rapidement afin que le bébé en redemande pour sa sécurité et pour son sentiment de confiance. Lorsqu'on entend cela et qu'on le comprend, on arrête de se battre pour que notre enfant fasse ses nuits, on suit la vie et on est en paix. Ahhh, enfin! Et vivre ces nuits peut être si beau, si magique! Les plus belles déclarations de mon amoureux m'ont été faites alors que je prenais soin de notre enfant, dans une douceur nocturne, feutrée, intemporelle. Être parent, c'est l'être aussi la nuit, dit Dr Sears[5]. Pourquoi voudrait-on gérer la façon de dormir de notre bébé, de changer la nature et d'exiger la performance dès la naissance?

> **Pourquoi voudrait-on gérer la façon de dormir de notre bébé, de changer la nature et d'exiger la performance dès la naissance?**

J'ai une amie qui a trois enfants. Un de ses enfants a dormi sans malaise dans son propre lit en se réveillant quelquefois. Le suivant a «fait ses nuits» en sortant de l'hôpital. Le dernier, lui, a dormi dans le lit de sa maman dès sa naissance et, à un an, il a préféré se retrouver seul dans son lit. Un parent de mon entourage a suivi la méthode du «laisser pleurer» et cela a fonctionné, puis ça a été à recommencer, souvent. Pour un autre, cela a fonctionné dès le début. J'ai dormi avec mes deux bébés en les allaitant dès qu'ils se réveillaient. Un a fait des nuits, puis non, puis oui parfois; l'autre, pas avant quelques années. Et c'est comme ça; à

---

5   Dr William Sears, *Être parent le jour… et la nuit aussi*, Éditions Ligue Internationale La Leche, 1992.

chaque enfant sa nuit. Lorsqu'on s'en fait, rien ne va plus, alors qu'en épousant cette vie de réveils sans la remettre en question, tout coule. Je profite même de ces moments d'éveil, la nuit, où tout est arrêté, pour contempler simplement mes amours ou pour revoir mes rêves parfois.

J'accompagne Louis dans ses cauchemars ; je l'aide à résoudre ses problèmes de jour qui le dérangent durant la nuit. Il est somnambule et revit ses difficultés dans son sommeil. Il lui est déjà arrivé de se réveiller en pleine nuit en crise et rien ne le raisonnait. Nous avons pris sa détresse au sérieux. Son angoisse était réelle, loin du caprice : il n'était pas conscient ! Les enfants vivent des drames qui tracent des chemins dans leur tête ; déterminants, même, pour leur vie adulte. Ces «drames» sont ignorés ou pris à la légère par certains parents ; pas chez nous, au contraire. Ce sont des histoires parfois incompréhensibles, tout droit sorties de leur imagination, mais qui ont, pour eux, une importance à ne pas sous-estimer. Cette nuit-là, comme tant d'autres, nous l'avons accompagné, puis il s'est rendormi, apaisé.

L'accompagnement de nuit débute au coucher. La période d'endormissement est si belle. Je trouve que c'est un des plus beaux moments de la journée. On y retrouve cette paix de la naissance, cette bulle avec notre enfant. Cette routine est d'une beauté rare.

Et dans notre famille, nous ne sommes pas rigides en termes d'horaire, nous sommes plutôt artistes dans notre façon de vivre. Nous suivons simplement le flot de la journée et cette attitude a créé des enfants flexibles et de bons voyageurs, qui s'adaptent bien partout, du moment où nous, leur phare, sommes avec eux. Nous avons donc une routine de soir, quoique flexible : le bain, l'histoire et ensuite, les questions, encore et encore, pour ne pas dormir…

Je trouve les histoires tellement importantes. S'il y a une chose pour laquelle je ne lésine pas ce sont les livres que j'achète, pour la plupart, usagés et qui ne coûtent presque rien. L'armoire est remplie de ces trésors précieux. Nous faisons aussi des trouvailles dans les ventes-débarras : certains de nos livres datent du début du siècle dernier. Louis apprécie même les livres sans image. Mon amoureux lui a d'ailleurs lu à l'âge de six ans *Bilbo le Hobbit*, qu'il a écouté, bien appuyé contre lui… Il paraît qu'un garçon qui aime lire jeune est un signe de persévérance scolaire plus tard. En tout cas, peu importe, c'est beau ; surtout quand le plus jeune imite son héros, son grand frère, et prend un livre, dès ses dix-sept mois. J'ai connu des enfants qui s'endormaient avec des enregistrements plutôt qu'avec la voix de leurs parents, de leur grand frère ou de leur grande sœur. Il y a un monde de différence entre un moment tendre vécu blotti dans les bras de papa ou maman et celui vécu seul dans son lit, en compagnie d'un lecteur CD.

Ma « recette » pour aider bébé à s'endormir sans le laisser pleurer et en l'accompagnant dans un sevrage aimant

À tous ceux qui disent ou écrivent qu'il n'existe pas d'autre moyen pour apprendre à un bébé à s'endormir seul que de le laisser pleurer, je vous dis : balivernes, vous vous trompez !

Je ne suis pas thérapeute et pourtant, j'ai accompagné mon bébé dans son sevrage et vers le sommeil sans le voir pleurer ; nous avons simplement installé une routine. Alors qu'il s'endormait la plupart du temps sur moi dans la berceuse, je lui ai dit un soir qu'on allait essayer de faire dodo dans son lit. Voici comment je m'y suis prise :

1. Je l'ai d'abord rassuré. Je lui ai expliqué ce que je faisais et pourquoi il allait s'endormir dans son lit. Je lui ai dit que je l'aimais et que j'étais là pour lui, qu'il pouvait compter sur moi, que cela allait être chouette et que ce que nous entreprenions était pour le mieux. Je lui ai aussi dit que je restais près de lui, que je ne le quittais pas.

2. Nous sommes allés dans son lit (il n'a pas de couchette, mais un lit qui peut nous recevoir tous les deux, et son frère aussi, s'il le veut!). J'ai allumé une lumière douce et lui ai parlé doucement. J'ai vaporisé une eau de lavande dans sa chambre. J'ai pris un livre qui relate les étapes avant d'aller se coucher. On a regardé les images et les détails de l'histoire, puis je lui ai dit que le personnage faisait comme lui. Dès lors, c'est devenu notre histoire et chaque soir, il l'attend! Au moment du dodo, je reprends toujours ces phrases : «viens, mon amour, on va faire dodo dans ton lit», «j'ouvre la lumière qui fait de belles étoiles, regarde», «je mets le parfum», «viens, on va regarder l'histoire». Et chaque soir, nous revoyons les mêmes détails des images, je compte les boutons de son pyjama, comme dans le livre, il sait à quoi s'attendre, il est rassuré. Pour sa routine, j'ai choisi de chouettes points de repère qu'il aime et j'ajoute, au besoin, des idées qui le réconfortent.

3. Je dis à mon fils : «Je ferme la lumière de lecture parce qu'on va faire dodo, toi et moi, comme le personnage dans ton livre.» Puis je le prends contre moi et lui chante des berceuses. Il ne veut pas toujours que je le prenne contre moi ni que je lui chante des chansons. Alors je varie selon ses humeurs, mais toujours en gardant une main sur lui et en lui faisant comprendre qu'on reste dans le lit. S'il veut en sortir, je le prends doucement et le ramène contre moi, en chantant ou en lui parlant, en lui racontant son histoire ou ce que nous sommes en train de faire, ce que nous avons fait ou encore, en lui rappelant tout simplement que tout ce qu'il aime fait dodo, comme lui. Et il s'endort.

La première fois où j'ai essayé de l'endormir dans son lit, il avait dix-huit mois et demi, c'était nouveau pour lui et pour moi et j'y ai passé l'heure, mais j'étais heureuse et convaincue du résultat, comblée de savoir que nous pouvions le faire sans abandon et surtout, sans pleurs. Une heure est probablement le maximum, mais vous pouvez espérer mieux, car chaque enfant est différent. Notre aîné s'était sevré seul, tranquillement, vers l'âge de dix-sept mois, et par la suite, je n'allais le rejoindre que lorsqu'il m'appelait ; lui-même m'a de moins en moins demandé et maintenant, il peut dormir seul. Pour bébé, je dois l'accompagner vers l'« autonomie » en prenant les devants.

Le deuxième soir, il s'est endormi dans l'amour et le réconfort en vingt-cinq minutes. Le troisième soir a été plus ardu, de retour à la case départ. Le quatrième soir, comme le deuxième, et depuis, nous filons le parfait bonheur. L'endormissement de mon bébé se fait facilement ; avec le sourire, l'amour et dans le bien-être.

Évidemment, ceci est une simple référence, rien ne sera pareil d'une famille à l'autre.

Dès les premières semaines de ce sevrage « aimant », la relation avec mon bébé n'a été que douceur et tendresse de part et d'autre ; ça me laissait ébahie, nuit après nuit. S'il se réveille, il m'appelle doucement et me demande de « venir ici » de sa voix d'ange ; il me prend par le cou, met sa petite main sur mon visage et colle son nez contre le mien. Il se rendort aussitôt. Au petit matin, les élans se poursuivent avec des « bisous bisous », des « allo maman » ou des « je t'aime maman » sous des intonations chantantes qui me vont droit au cœur. Je ne laisserais cette place qu'à mon chum. Ces moments magiques, ils me transportent et me donnent raison sur toute la ligne. C'est l'amour et le réconfort réunis.

L'important est d'être bien dans sa routine, de respecter son enfant et d'aller jusqu'au bout du processus. Il ne faut surtout pas abandonner, il faut garder un sourire bienveillant. Si nous n'allons pas bien, notre enfant ne sera pas bien. À nous de rester calme, rassurant. Il faut le dorloter, le câliner, l'aimer et l'attirer vers quelque chose de plus beau. Je crois vivement que si justement nous sommes persuadé de la réussite de ce processus, nous réussirons. J'ai aussi atteint l'objectif que je m'étais fixé : quatre jours pour atteindre l'harmonie. Évidemment, ce délai variera d'un parent à l'autre et d'un enfant à l'autre.

Plusieurs mois auparavant, au cours d'une nuit difficile, j'étais trop épuisée pour allaiter mon bébé. J'ai tenté de lui faire comprendre que je ne pouvais pas, mais que je l'aimais très fort. Je l'ai alors pris dans mes bras et rassuré autant que possible. Il a grimpé sur moi et s'est endormi ainsi. Il est bon d'observer ce qui plaît à son enfant, les étapes qu'il traverse naturellement pour s'assoupir, apaisé, et ainsi aller dans le même sens que lui.

Aux soirs six et sept, j'ai à peine chanté. Bébé avait le sourire, il se collait lui-même contre moi : le bonheur ! Et quand je dois m'absenter pour des tournages, c'est aussi facile pour son père ou ma mère de l'endormir ainsi.

Le sevrage s'est fait également. Et comme le reste, la transition s'est faite en douceur. Évidemment, chaque nuit est différente et tout change pour lui : il grandit et il prend conscience d'un tas de choses.

En grandissant, les enfants traversent différentes étapes dans leur apprivoisement de la nuit, mais en tant que parents, nous sommes toujours là pour les accompagner. Et notre lit leur sera toujours ouvert, pour apaiser les craintes qui pourraient surgir en eux.

Le temps de prendre le temps

Si comparativement aux animaux, nous avons la capacité à réfléchir, cet atout semble cependant nous avoir entraînés dans une mauvaise direction. Nous appliquons maintenant des « recettes » toutes faites afin de produire davantage, au détriment des besoins de nos enfants.

Mettons les choses au clair : premièrement, on ne peut pas appliquer de « recette » toute faite (comme le « 5-10-15 » pour les dodos) à tous les enfants, car chacun est différent.

Deuxièmement, on devrait favoriser tout ce qui les fait rire et qui engendre en eux une résonance positive, plutôt qu'une détresse qui n'amène rien de bon.

Notre génération jouit plus que jamais de ressources sur le plan technologique (je pense seulement aux machines à laver), mais également sur celui des connaissances. De plus, nous avons moins d'enfants que nos grands-parents, mais nous sommes pourtant moins présents pour eux.

Nous travaillons beaucoup, bien sûr, mais pourquoi ? Est-ce une question de survie ? Je vois le travail comme des vacances en comparaison à ce que vivent les parents qui restent à la maison avec leurs enfants. C'est extraordinaire, mais ô combien exigeant ! On en brûle, des calories ! C'est du temps plein (d'amour), bien rempli et sans répit. Nous sommes, d'un côté, sans cesse interpellés et de l'autre, récompensés par une tendresse infinie.

Lorsque Louis avait deux ans, il m'arrivait de dire à mon nouvel amoureux que j'étais fatiguée, le soir, et il trouvait ça drôle (il n'avait pas encore d'enfant, lui !). Il se demandait alors comment nos grands-mères faisaient avec leurs quatorze enfants. Effectivement ! Comment faisaient-elles ? C'est quand même épuisant d'avoir un enfant, de le suivre et de le nourrir jour et nuit. Il ne faut pas se leurrer, ce n'est pas toujours facile ; on ne voit pas la fin et on se demande comment on fera pour le sevrage. Lorsque je vais à mon travail, que j'aime, c'est tellement plus facile que de rester à la maison ; ce sont réellement des vacances ! Comme prendre une douche seule. La plupart du temps, je chantais des chansons à mon bébé à travers le rideau de douche pendant qu'il jouait dans sa « soucoupe ». Je n'ai pas souvent eu de moment pour moi, depuis que j'ai mes enfants, mais je suis bien ainsi. Pour moi, c'est ça être maman. Mes enfants sont heureux et me le rendent tellement (déjà, bébé est câlin et dit des mots d'amour qui donnent des ailes). Oui, je peux être fatiguée, mais quand je dors, je dors bien.

L'harmonie

Il faut cesser d'imposer notre rythme de vie aux enfants et commencer à respecter davantage le leur. De plus, les écouter nous permet de sortir de notre tête, de nos soucis et de notre désir de performance. Ils ont ce pouvoir d'être complètement présents. Et lorsqu'on est à leur écoute, les choses se font naturellement. Pour mon aîné qui n'a commencé à manger qu'à un an, le sevrage s'est fait de manière naturelle. J'avais l'impression que ce serait plus facile pour le deuxième, qui a de l'appétit depuis longtemps, et pourtant… Je laisse quand même la nature faire son œuvre. J'écoute mon enfant, je ne lui impose pas de calendrier.

Tout se déroule sans heurt pour une mère qui écoute son enfant. C'est le cas, entre autres, pour la propreté. Plusieurs personnes me disaient que Louis devait être propre, parce qu'il avait tel âge. Je leur répondais, sans cesse : « Non, il sera propre lorsqu'il sera propre. » Je n'ai rien forcé et ça s'est fait tout seul. C'est tellement bon et libérateur de se recentrer sur le rythme de l'enfant : c'est merveilleux ! Lorsqu'on leur fait confiance, qu'on est à l'écoute de leur nature, de notre nature et de la nature, tout se passe comme cela devrait se passer. Mon fils a été propre dans les mêmes délais que la « moyenne », mais sans stress, ni pour lui ni pour moi. Je n'avais pas de poids à porter ou de but à atteindre dans un temps donné ; tout le processus s'est fait simplement et dans l'harmonie. C'est ça, le bonheur.

Dans le même ordre d'idée, je n'ai jamais obligé mes enfants à manger ou exigé qu'ils finissent leur repas ; cela n'a aucun sens pour moi. Peut-être qu'ils n'aiment tout simplement pas cette nourriture ou qu'ils n'en ont pas envie. Je crois fermement que les enfants sont plus près de leur instinct que nous ne le sommes. Même chose pour le bébé : lorsqu'il en a assez, il détourne la tête. On ne va pas essayer de lui faire avaler d'autres bouchées ! Je trouve cela complètement ridicule de le forcer ainsi, sous prétexte que c'est ce qu'il « devrait » faire.

À partir du moment où l'on met un enfant au monde, on a une responsabilité envers lui. Les bébés dépendent de leurs parents et n'ont rien ni personne d'autre qu'eux. En tant que parents, on se doit d'accompagner son enfant.

On dirait parfois que les parents sont gênés d'être parents. Certains pensent qu'ils peuvent faire une pause de leur parentalité et être non parents pour un temps. Peut-on vraiment prendre des vacances d'être parent ? Est-ce que l'animal prend congé de ses responsabilités envers ses petits ? Ces mêmes parents disent aussi qu'ils ont hâte de «reprendre leur vie normale», «d'avoir leurs soirées», etc. On les a peut-être mal informés sur ce que signifie être parents et sur le besoin pour les enfants de les sentir près d'eux…

Mon seuil de tolérance face au malaise de mes enfants est très faible. Je veille jalousement sur leur bien-être et sur leur plein épanouissement en tout temps, au meilleur de mes moyens à ce moment. Je n'ai pas toujours une patience exemplaire, mais je suis incapable de les laisser pleurer sous prétexte, par exemple, que j'ai besoin de temps pour moi. Est-ce qu'un bébé est fait pour être autonome si rapidement ? Le fameux «5-10-15» n'est pas une technique pour cesser les pleurs : c'est le laisser pleurer jusqu'à ce qu'il se tanne ou s'épuise. Certains bébés sont tolérants, d'autres moins, comme les parents. Il est certain qu'avec le temps, le bébé abandonne tout effort pour se faire comprendre, pour se faire prendre et pour se faire rassurer alors qu'il est seul dans son lit la nuit. Ou alors, il pleure simplement moins après quelques jours, voire quelques semaines, parce qu'il se dit «à quoi bon ?». Un drame dans sa vie surviendra, il tentera encore de se faire consoler… et restera incompris, seul dans son désespoir.

Je serais incapable de faire supporter cette détresse à mes enfants. Je suis très protectrice, voire lionne envers eux. Je vois constamment à leur bien-être. Par contre, je ne suis pas possessive. Si mon enfant s'épanouit ailleurs, cela me rend heureuse.

Si mon bébé est bien, je suis bien ; le contraire est aussi vrai. Je constate que la personnalité de mes enfants se déploie sans gêne, qu'ils sont heureux, rieurs : à dix-sept mois, déjà le plus jeune chantonnait dans le lit dès le réveil, ou dans la voiture, le sourire aux lèvres et l'œil coquin.

Respecter nos enfants ce n'est pas en faire des enfants rois

J'ai rarement dit un simple « non » à mes fils. Je crois que cela explique en partie pourquoi ils n'ont pas connu de période du « non », communément appelée le *terrible two*. Il est évident que si l'on dit « non » à un enfant en lui enlevant un objet des mains, la réponse est plus souvent qu'autrement une crise. J'essaie de ne pas avoir le mot « non » dans mon vocabulaire ; si j'enlève un objet à Charles, je le remplace par autre chose en le distrayant, et s'il y a un « non », il ne vient jamais seul. Dire « non » à un enfant sans lui donner d'explication le laisse dans l'incompréhension ; expliquer à un enfant ne tient pas de l'exploit, il suffit simplement de prendre le temps. Et plus tard, on regagnera ce temps lorsqu'il sera plus facile de négocier avec lui !

À l'épicerie, on passe toujours un chouette moment à l'abri de « catastrophe »… Tous ces moments passés avec nos enfants, où ils s'imprègnent de tout, sans filtre, devraient d'ailleurs être amusants. C'est ça, la vie ! Ce n'est pas de tout faire à la course pour avoir le temps d'en faire plus. Certains parents me diront qu'avec leur horaire de fou ils ne l'ont pas, ce temps, d'être patients, mais je crois que c'est la moindre des choses et qu'il faut simplement faire des choix. En plus, être détendu est aussi meilleur pour notre santé. J'étais très ordonnée avant l'arrivée des enfants. En ce moment, c'est plus souvent qu'autrement sens dessus dessous. Par contre, les choses importantes s'accomplissent et une harmonie s'installe malgré ce « pas toujours rangé ». Une de mes priorités est que mes enfants s'épanouissent ; je ne souhaite pas qu'ils bâtissent leur vie sur des frustrations. Mais pour que ceux-ci se développent sans ce stress imposé par les adultes, je dois moi-même être détendue, sereine et réviser mes priorités… au point d'adopter, sans conflit intérieur, cette nouvelle personne.

Lorsque mes bébés étaient dans une grande période d'exploration à tout vouloir découvrir, tout toucher et tout mettre dans leur bouche, j'essayais de les accompagner le mieux possible dans cette nouvelle étape. Pour moi, éviter de dire « non » à mon enfant ne signifie pas que j'en ferai un enfant roi. Je suis pour l'exploration, mais à l'intérieur d'un cadre. Selon moi, un enfant devient un enfant roi lorsque l'un de ses parents, qui n'a pas véritablement de temps à lui consacrer, lui donne tout ce qu'il désire pour acheter la paix. Il y a une grande différence. En expliquant les choses aux petits, on crée des enfants que tout le monde trouve remarquables parce qu'ils sont compréhensifs, patients, calmes, bienveillants et prennent le temps d'expliquer à leur tour. Cela n'est pas surprenant, ils deviennent exactement ce que l'on a été avec eux. Gardons-nous d'imposer à nos enfants notre façon de vivre et notre train de vie effréné, et respectons plutôt leur monde, à eux.

Il est si apaisant de s'arrêter, d'observer, de suivre le rythme des enfants, d'être à l'écoute de ce qui change dans leur vie et de les accompagner en douceur, autant que possible, que ce soit, par exemple, lors de leurs paniques nocturnes ou dans leurs divers apprentissages. Si l'on devait faire face à de grands changements en famille, il serait aussi important et bon de prendre le temps de leur expliquer ce qui se passe, avec patience et respect.

Comme je le mentionnais plus haut, un enfant roi peut être un enfant de parents séparés, dont celui qui est le plus absent lui offre tout pour compenser. Une telle situation ne m'a jamais inquiétée : de retour à la maison, il y a des limites, et cela calme et rassure ce dernier. Pour citer Colette Noël, pionnière des écoles alternatives au Québec, que j'ai eu le bonheur de rencontrer : « Le cadre peut être très large, mais il est là, et on le respecte. »

C'est aussi ça respecter les besoins de l'enfant : lui permettre d'explorer dans la mesure où il est en sécurité. Je suis très mère poule, j'ai toujours mes bébés sur moi, mais je les laisse explorer. Cela peut sembler surprenant pour certains, mais plus je les prends sur moi, plus ils ont des moments d'exploration seuls. Aussi, moins je les laisse pleurer, plus ils sont autonomes. On s'étonne parfois de voir mon fils aîné s'occuper seul des heures entières, heureux, ou même feuilleter des livres sur son lit avec son chat, dans le calme. De la même façon, Charles, déjà à huit mois, passait beaucoup de temps seul à explorer son « parc », que nous avons créé sur le sol, au milieu de la maison, pour que nous puissions le rejoindre (mon amoureux, Louis ou moi) quand bon nous semblait. J'ai aussi laissé Louis escalader des rochers, grimper aux arbres et découvrir son environnement, et il n'a jamais eu d'accident. Je suis persuadée qu'on ne développe pas la prudence chez un enfant en l'empêchant d'explorer, bien au contraire. Je le laisse également transporter des verres depuis qu'il est très jeune et il n'a jamais rien échappé. Charles, lui, était âgé de quinze mois la première fois qu'il a bu seul à la tasse de porcelaine (sous supervision bien sûr !) pour faire comme nous. Selon moi, dès que l'on dit à un enfant qu'il ne devrait pas faire telle ou telle chose, il devient nerveux et maladroit. Lui faire confiance et le respecter en tant que personne, ainsi que dans ses besoins de réconfort, de confiance et d'exploration, encourage son épanouissement et son autonomie.

Préparer le plus tard...

J'ai l'impression que l'adolescence de notre aîné ne sera pas de tout repos. Il a déjà développé tout un caractère, et c'est bien correct ainsi. Je préfère qu'il en ait un qui lui permet de faire des choix selon ses valeurs, ses forces et ses intérêts, plutôt que de suivre tout simplement ce que la société lui dicte. Je veux qu'il soit maître de sa vie. Ce qui compte le plus, pour moi, après son bonheur et sa santé, c'est que nous nous respections mutuellement et que nous ayons une bonne communication. J'aime mieux régler tout de suite les problèmes que d'avoir à les gérer à l'adolescence…

Déjà, à six ans, il cherchait à développer son autorité. Dès son plus jeune âge, j'ai souhaité établir une communication ouverte avec lui, afin qu'à l'adolescence nous arrivions plus facilement à discuter. Je trouve donc important d'être le plus tôt possible à l'écoute des drames que vit l'enfant, de tenter de les résoudre et de régler les conflits ; autrement, l'adolescence pourrait être ardue…

Il a vécu des moments difficiles durant sa maternelle et on a vraiment essayé de l'accompagner à travers ces épreuves. Il était aussi primordial pour nous de l'amener rapidement à parler de ce qu'il vivait. S'il a confiance en nous et qu'il y a très tôt une bonne communication de part et d'autre, je suis rassurée pour son présent et son avenir. Il est crucial qu'il sache qu'on est là pour lui, qu'il peut toujours tout nous dire et qu'on va l'aider, peu importe la situation ; maintenant comme plus tard. Ses expériences actuelles préparent le terrain pour ses repères, donc ses références pour la vie entière.

Par ailleurs, nous sommes très sévères en ce qui concerne le respect, et ce, autant lui envers nous que nous envers lui. Nous l'écoutons et nous le respectons (aussi simplement qu'en nous excusant de prendre un appel téléphonique devant lui), mais il doit agir de la même façon envers nous : c'est la base de notre famille et c'est aussi la base de notre couple. Nous lui apprenons également à respecter les autres, la nature et les animaux. Certes, entretenir le respect n'est pas toujours évident, il est souvent plus facile de laisser les choses aller et de ne rien faire pour les corriger, mais en bout de ligne, tout le monde s'en trouve perdant si aucune action n'est prise pour remédier à la situation. Nous lui apprenons également à apprécier ce qu'il a et à aimer la vie.

Notre miroir, pour tout, partout

Je ne l'ai jamais obligé à être «bien élevé», mais il est tout de même devenu un enfant poli et respectueux. Je ne crois pas qu'en imposant des règles sévères aux enfants ils deviennent «rangés» pour autant; au contraire, ils chercheront à se défaire de ce carcan. Par contre, lorsque l'on est soi-même respectueux envers ce qui nous entoure et envers les autres, y compris nos propres enfants, ils le deviennent aussi. Ainsi notre benjamin à vingt-quatre mois répondait: «ça fait plaisir, merci beaucoup» et souhaitait «bon appétit tout le monde» avec un sourire contagieux sans qu'on ne lui ait rien appris.

Les enfants sont des miroirs remarquables de qui nous sommes et de ce que nous vivons: des enfants calmes et heureux sont signes que tout va bien. C'est d'ailleurs une bonne idée de porter attention à nos enfants pour connaître la santé psychologique de notre famille.

Nos enfants sont nos miroirs, vraiment, ils nous imitent et reproduisent tout ce que nous faisons. Si nous sommes nous-mêmes attentifs, que nous parlons bien avec eux, en prenant le temps de leur expliquer, ils développeront cette même façon d'interagir et nous surprendront par leurs marques de gentillesse, de politesse et de bienveillance. Le problème, aujourd'hui, c'est que les gens n'ont plus le temps de prendre le temps. Je n'ai pas vécu le *terrible two* avec mes enfants sûrement parce que je prends ce temps. Je serais d'ailleurs curieuse de savoir à quel moment cette expression est apparue dans notre langage. Il se peut fort bien qu'un enfant soit agité seulement parce que l'on devient exaspéré à ses côtés ou envers lui. Il est habituellement facile de distraire l'enfant si l'on prend le temps de s'arrêter, de lui parler, de rester détendu et de l'écouter. Qui suis-je pour affirmer une telle chose? Simplement une maman, mais cela vaut la peine d'essayer d'aller dans le même sens que lui ou d'essayer d'une tout autre façon en prenant juste le temps qu'il faut.

En attribuant nos mauvaises expériences au *terrible two*, sans remettre cette théorie en question, on accepte et on renforce l'exaspération de part et d'autre. Alors que cette «période du non» n'a peut-être pas lieu d'exister. Je la vois plutôt comme une découverte de la personnalité de l'enfant et je l'applaudis.

J'ai d'ailleurs remarqué à plusieurs reprises que lorsque je suis impatiente avec Louis, il me le rend bien, et ce, peu importe son âge. Je crois également que la rumeur voulant que le deuxième enfant d'une famille soit plus «difficile» vient tout simplement du fait que les parents ont moins de temps à lui accorder et qu'ils sont donc moins patients avec lui. J'ai tendance à croire que ce type de comportement n'est pas vraiment dû à l'enfant même.

Dernièrement, je vivais des petits conflits avec Louis et je ne comprenais pas pourquoi. Il disait que je criais, alors que je n'avais jamais été impatiente avec lui auparavant. Il escaladait cette pente de mécontentement à toute vitesse et me rendait mon impatience en criant dix fois plus fort que moi. Le seul fait de l'écouter et de prendre conscience de la situation m'a permis d'ajuster mon propre comportement, puis ses sautes d'humeur se sont réglées, comme par magie. Je suis d'ailleurs reconnaissante à mon fils parce qu'il me fait réaliser si je suis dans la paix et le bonheur ou plutôt dans le stress. Louis est un merveilleux baromètre, pour moi; Charles aussi, d'ailleurs. S'il chante, s'il sourit et s'il joue dès son réveil le matin, c'est qu'il s'épanouit sans gêne, sans stress aucun.

Il peut arriver que les enfants expriment des «caprices» (quel mot surutilisé et qui empêche l'amour et l'attention) lorsqu'ils sont fatigués, mais je pense que la plupart du temps, ils sont le miroir de qui nous sommes et de ce que nous avons été avec eux. Ils seront compréhensifs, patients, respectueux et bienveillants... à la hauteur de ce qu'ils vivent avec leurs parents au quotidien. Ils seront aimants, affectueux, souriants, calmes et heureux si nous avons été là pour eux et avons nous-mêmes été des modèles.

Je ne suis pas parfaite, mais je suis totalement là pour mes enfants. En retour, il peut arriver à Louis de demander à ce que l'on arrête la voiture, en route vers la maison, simplement parce qu'il veut me cueillir des fleurs. Bébé, il me regardait déjà avec une infinie tendresse en plus d'être hyperaffectueux (tout comme son frère, d'ailleurs). Mon amoureux et moi sommes remplis d'amour et nous prenons le temps d'être, d'écouter, de suivre notre instinct ainsi que le leur. Je pense vraiment que lorsque les relations familiales sont cahoteuses, la plupart du temps, c'est la faute aux parents. Je nous accuse donc !

Bien sûr, les enfants naissent avec une certaine personna-lité, mais même si mes enfants sont complètement différents de caractère, tous les deux sont rassurés, heureux et souriants. Les parents doivent encourager ces états par leur propre comporte-ment, dès la naissance. Un parent qui vit un problème avec son petit doit d'abord se regarder et trouver ce qu'il fait lui-même (ou a fait) pour qu'il en soit ainsi. Je pense que c'est extrêmement bon comme thérapie. C'est merveilleux, dans le fond, car en nous aidant à voir ce qui ne va pas, nos enfants nous rendent vraiment un service.

Aujourd'hui, on se détache tellement d'eux que l'on trouve cette séparation tout à fait normale. Pourtant, ils ont besoin d'être avec leurs parents. Ils ont besoin de ce lien d'apparte-nance et de confiance pour se développer harmonieusement. Une fois détaché, il est ensuite trop tard, on ne peut que très difficilement se rattacher à eux. Les enfants sont très fragiles ; ils ont besoin d'amour et d'avoir confiance en l'autre. Dès que ces besoins ne sont pas satisfaits, ils nous envoient des signes par leur comportement.

Selon moi, il n'y a rien de plus noble que d'être avec ses enfants. Et c'est le choix que j'ai fait, même si la société nous pousse à nous détacher d'eux pour les confier à l'État. Mes fils sont au cœur de ma vie parce qu'ils ont besoin de moi, de nous. Je n'avais aucune envie de les priver (et de nous priver) de tous ces instants de bonheur. Être avec eux, les aimer, les réconforter, les écouter, les guider à leur rythme sur le chemin de l'autonomie, n'ont d'égale importance dans ma vie. Plutôt que de me détacher de mes enfants, je m'investis totalement auprès d'eux et me laisse inspirer par la maternité, et par ces deux êtres d'exception qui m'apprennent tellement sur la vie.

CHAPITRE 3
RÉCONFORTER LES ENFANTS

La naissance

Le bébé, lorsqu'il est déposé sur le ventre de sa maman tout de suite après sa naissance, se dirige par lui-même vers son sein et s'apaise, blotti contre elle, sur sa peau, la sentant pour la première fois et sans autre bruit, idéalement, que la voix de ses parents. Qu'il est bon, dès lors, d'être présent pour son petit, de le réconforter et de l'accompagner dans chaque douce étape de sa vie.

Peu de temps avant sa naissance, il était au chaud dans le ventre de sa mère, protégé de tout, à l'écoute de sons réconfortants, nourri au besoin et enveloppé. Il était si bien !

J'ai toujours vécu les premiers mois de la vie de mon enfant en lui donnant tout pour qu'il se sente aussi bien à l'extérieur qu'il l'était à l'intérieur de son nid. Le réconforter, l'entourer et veiller sur lui pour qu'il se sente compris et en confiance ; des actions qui auront des effets tout au long de sa vie.

J'ai eu le bonheur d'accoucher dans un hôpital faisant partie du réseau des établissements de santé «amis des bébés[6]». Ces hôpitaux favorisent le respect des besoins et du rythme du nouveau-né afin d'assurer son bien-être au maximum. Cet endroit est exceptionnel, et j'y ai été mise sur une bonne piste dès le départ. Les médecins et les infirmières qui y pratiquent m'ont encouragée, entre autres, à ne pas laisser pleurer mon bébé,

---

6   www.fr.wikipedia.org/wiki/Initiative_Hôpital_Ami_des_bébés

m'expliquant que cela lui donnerait confiance en nous et donc en la vie, et qu'il se tournerait ainsi vers les autres, vers le monde. On m'a aussi expliqué qu'en agissant ainsi, il ne deviendrait pas plus tard un enfant porté à chialer ou à se plaindre. Mon expérience avec mon fils aîné me l'a d'ailleurs démontré. On me trouvait chanceuse d'avoir un bébé qui ne pleurait pas, mais ce n'était pas un hasard, je ne le laissais pas pleurer ; même chose pour Charles, malgré toutes les attentes de nos « amis » qui nous prédisaient un deuxième enfant « difficile », puisque le premier ne l'avait pas été…

Le gros bon sens

Lorsque Louis était âgé d'à peine quelques mois, on m'a offert un livre qui prônait la fameuse théorie du « 5-10-15 » ; je l'ai mis au recyclage. (Le pire, c'est que la personne qui me l'a offert regrettait amèrement de ne pas avoir dormi avec son enfant.) Peu de temps après, je suis tombée par hasard sur une émission de télévision où une psychologue enseignait à des parents comment laisser pleurer leur enfant jusqu'à ce qu'il finisse par s'endormir seul, dans l'unique but qu'il « fasse ses nuits ». Je suffoquais dans mon salon. Visiblement, les parents suffoquaient, eux aussi. Cette technique est complètement contre nature. Ces histoires que l'on trouve drôles à la télévision et dans les livres le sont moins dans la vraie vie. En plus, j'ai appris, par la suite, que cette psychologue n'avait pas d'enfant elle-même…

Quelques années plus tard, je reçois une invitation pour assister à un séminaire donné par une « spécialiste » du sommeil chez l'enfant. Curieuse d'en connaître davantage, j'investigue un peu, avant d'accepter d'y aller, pour me rendre compte qu'elle n'a aucune spécialité à part celle de donner des conférences (et de les promouvoir) pour enseigner cette même technique. Qu'on se comprenne bien, je n'ai rien contre les professionnels qui sont responsables, je n'aime pas ceux qui parlent à travers leur chapeau. D'ailleurs, trop de livres transmettent des pseudo-compétences au lieu d'expériences. Que se passe-t-il donc dans notre société ? Comment se fait-il que l'on ait besoin de cours pour nous enseigner comment être un parent et que l'on suive ces soi-disant spécialistes sans même se questionner ? Autre chose, comment peut-on se proclamer spécialiste sans gêne, et pire, sans que qui que ce soit nous confronte ?

Comment se fait-il que l'on ait besoin de cours pour nous enseigner comment être un parent et que l'on suive ces soi-disant spécialistes sans même se questionner ?

Eh bien, dès maintenant, je me déclare spécialiste du bien-être des enfants ! Je saurai vous dire quoi faire pour qu'ils s'épanouissent et vous aiderai à reconnaître leur langage afin de favoriser le bonheur dans votre relation avec eux et l'abondance de moments d'émerveillement. Je serai là aussi pour vous dire qu'un jour, vous dormirez. Je pourrai également vous donner des trucs pour conserver et développer la vitalité. Je vous rappellerai que cet « investissement » est non seulement le plus important de votre vie, mais qu'il vous rapportera dès les premiers jours d'existence de votre enfant : communiquer avec lui avant même qu'il ne parle sera des plus enrichissants.

Imaginez un bébé dans un berceau, qui éprouve un inconfort et qui a seulement besoin que l'on s'occupe de lui, mais on le laisse pleurer, uniquement parce que quelqu'un, dans un livre, nous a dit de le laisser pleurer ? C'est tellement se détacher de la réalité ! Imaginez la détresse que ressent cet enfant, abandonné, seul au monde, et qui ignore ce qui va se passer, car il est incapable de se raisonner, puisqu'il n'a aucune perspective pour comprendre la situation. Il se sent abandonné par les seules personnes qu'il reconnaît. Comment peut-on penser qu'une « technique » apprise dans un livre peut convenir à des enfants aussi différents les uns que les autres ? Que disent les « spécialistes du sommeil » à la maman qui retrouve chaque matin son bébé dans son vomi (relaté par une maman pratiquant le « 5-10-15 ») ? Il est vrai qu'en appliquant cette méthode, l'enfant finira bien par s'endormir, parce qu'il sera épuisé et qu'il aura compris qu'il ne peut pas faire confiance à ses parents ; après un certain temps, il cessera donc de les appeler à l'aide et les remplacera par une doudou. Puis le jour où ce même bébé vivra de nouveau un malaise, cette technique sera à recommencer, puisqu'il tentera encore d'obtenir du réconfort, mais en vain… Tout cela n'a aucun sens !

Durant la maternité, nombreuses sont les femmes qui écoutent les recommandations des autres, lisent des livres, des blogues et consultent le Web plutôt que de s'écouter elles-mêmes, et vont ainsi à l'encontre de ce qu'elles souhaitent vraiment et de ce que leur instinct leur dicte. Je suis tannée de ces gens qui donnent des conseils sans qu'on leur en demande, particulièrement ceux qui n'ont eux-mêmes pas d'enfant ou qui en ont eu il y a trente ans, alors que la vie était tout autre chose. Il m'arrive bien sûr de demander l'avis des autres, mais seulement de ceux qui m'inspirent ou dont les enfants m'inspirent ; certainement pas d'une femme qui n'en a jamais eu. Si j'ai écouté les médecins de cet hôpital où j'ai accouché c'est d'abord parce qu'elles étaient mères, qu'elles en ont accompagné des centaines dans le respect de leurs enfants et qu'elles me paraissaient heureuses et en harmonie avec la vie comme elle doit être. Aussi parce que leur discours me semblait sensé. Dès notre première rencontre, elles m'ont montré trois illustrations afin de savoir où je me situais : une d'un enfant dans le ventre de sa maman ; une autre d'un bébé seul dans un berceau, et finalement, celle d'un enfant dans les bras de sa mère. Laquelle de ces illustrations vous rejoindrait, vous toucherait, vous ? Il est certain qu'en aimant et en s'occupant de ses petits nous sommes dans la vérité et dans la bonne réponse ; ignorer leurs besoins de réconfort, non. Et cela vaut pour tout : pour ses journées, ses nuits, les différentes étapes qu'il traverse, etc.

Répondre aux besoins de ses enfants les rend confiants et autonomes. Leur parler les calme profondément. Les enfants devraient être traités avec respect et non pas être «casés» dans notre horaire surchargé. Pourquoi des parents laissent-ils leur enfant pleurer dans sa poussette au magasin, tandis qu'ils sont trop occupés à choisir la bonne paire de jeans ? Le cœur me serre à chaque fois. Je ne comprends pas que l'on n'ait pas le temps de prendre son bébé pour le réconforter dans une telle situation, encore moins

Répondre aux besoins de ses enfants les rend confiants et autonomes. Leur parler les calme profondément.

que l'on démontre des signes d'impatience ou d'énervement. Sans blague, qu'est-ce qui est le plus important, le pantalon ou l'enfant ? Écrit ainsi, il me semble que le choix est flagrant ! Comment se fait-il donc que l'on soit à ce point détachés ou trop préoccupés par nos faux besoins ? Vivement le respect de son enfant alors qu'on le trimbale dans des endroits aux néons et sans air pur... On ne peut être à ce point égoïste lorsque l'on a des enfants ; cela est contraire à la logique humaine.

Examinons le tout avec du recul et prenons le temps de prendre le temps, de déstresser pour respirer et vivre. La priorité n'est-elle pas le réconfort de son enfant ? Si s'arrêter peut, en plus, nous faire moins consommer, alors on en ressortira tous gagnants, sur toute la ligne !

Quand son enfant est dans le besoin, il est possible de le consoler et d'arrêter ses pleurs peu importe où l'on se trouve : que l'on prenne une douche ou que l'on soit en voiture. La maman extrême que je suis n'a recommencé à conduire que lorsque Charles avait deux mois, et pour de très courtes distances. Pour Louis, j'ai attendu un an ! Dans le trafic, même épuisée, je peux chanter avec eux et les faire rire ; si je n'y arrive pas, je m'arrête. Je ferais n'importe quoi pour ne pas que mes enfants pleurent ; on ne peut pas s'habituer à leurs malaises et les tolérer encore et encore jusqu'à ce qu'ils abandonnent. Et qu'on ne se leurre pas, les laisser pleurer n'engendre pas chez eux l'autonomie !

Cela crée plutôt le syndrome du «mon-parent-ne-s'occupe-pas-de-moi-quand-j'ai-besoin-de-lui» ou ce qu'on appelle plus communément un manque de confiance et de l'insécurité. Je suis consciente que fatigué, un enfant peut avoir besoin de pleurer, cela peut faire du bien, mais il ne faut tout de même pas le laisser dans son désarroi! Répondre à notre enfant lorsqu'il nous appelle, ce n'est pas le surprotéger, c'est le mettre en confiance avec nous et avec la vie afin qu'il puisse s'ouvrir ensuite au monde. Ce n'est pas parce que mon bébé est dans mes bras maintenant qu'il restera sous ma jupe pour toujours et aura peur d'aller vers les autres; c'est d'ailleurs tout à fait le contraire qui se produit. Mon fils aîné est serein, ouvert, épanoui. Par contre, je remarque que les enfants qui sont délaissés par leurs parents semblent être en quête constante d'affection et s'accrochent aux adultes qui se retrouvent sur leur chemin. Il est alors facile de voir dans ces situations quel parent a «manqué» le plus à son enfant.

Pour le reste de leur vie

Louis est fâché contre moi si Charles pleure. Je trouve cette situation très intéressante... Il ne comprend pas non plus pourquoi une mère laisse pleurer son bébé au parc; il devient indigné et ne le tolère pas du tout.

Quel genre d'impact peut avoir ce sentiment d'abandon que ressentent ces enfants dont les parents les laissent à eux-mêmes? Le pire est que certains de ces spécialistes du sommeil suggèrent de ne rien donner (comme une doudou, qui remplacerait le parent) aux enfants qui sont en crise pour qu'ils se rendorment seuls, sans aide. Comment peut-on être assez bête pour ignorer ainsi les besoins de réconfort d'un enfant et le couper de tout? On impose la froideur extrême et l'isolement à ce petit qui ne peut rien aller chercher seul, qui ne peut même pas se recroqueviller sur lui-même. Juste d'y penser, je suis profondément attristée! Nous portons attention à nos maladies d'adultes, mais les enfants sont marqués pour la vie lorsqu'on ignore leur détresse. Des études commencent d'ailleurs à établir des liens entre les émotions que nous vivons et la force de notre santé.

Je lisais récemment un article du docteur David Servan-Schreiber, reconnu mondialement pour ses écrits sur le cancer, et une phrase a particulièrement retenu mon attention : « [...] certaines réactions au stress peuvent contribuer à la progression d'un cancer qui existe déjà. Donc, les réactions prolongées de sentiment d'impuissance, de découragement, d'abandon, sur le long terme, interfèrent avec la capacité naturelle de combattre certaines inflammations[7]. » À la lecture de ces quelques mots, j'ai tout de suite pensé aux enfants. C'est exactement ça ! En les laissant pleurer, seuls dans leur berceau, c'est exactement ce que l'on fait : on crée un sentiment d'impuissance, de découragement et d'abandon, et ce, à répétition. Les bébés et les enfants en seront marqués pour la vie. Lorsqu'un enfant pleure parce qu'il a besoin de quelque chose et qu'il est abandonné par ceux en qui il a une totale confiance, qu'est-ce que cela peut engendrer physiquement ? Nous sommes aujourd'hui d'accord pour affirmer qu'il existe un lien entre les maladies et le bien-être émotif, entre les maladies et le stress ; celui du bébé abandonné est intense, tout comme son incompréhension lorsque son papa ou sa maman reste dans l'embrasure de la porte et ne le console pas. Que sommes-nous en train de faire avec nos enfants ?

De grâce, ne me remplacez jamais par une doudou pour que mon bébé soit « autonome », non seulement vous m'anéantiriez sous le poids de l'impuissance, mais encore vous me priveriez de ce bonheur d'être avec lui, de cette chaleur de lui sur moi, de ce visage apaisé contre moi, de ces battements de cœur dans mes bras, de ce bien-être immense que seul lui, abandonné au creux de moi, peut créer, sous le regard amoureux et bienveillant de

---

7   www.cyberpresse.ca/actualites/quebec-canada/sante/201004/04/01-4267257-david-servan-schreiber-a-lecoute-de-sa-sante.php

son père. En mettant un enfant au monde, on devient responsable de sa vie ; on ne peut pas ignorer l'appel de son petit, alors que nous-mêmes aurions de la difficulté à vivre de telles situations, bien que nous soyons adultes et raisonnables. Si j'avais, moi, mal au ventre, et que j'avais besoin que l'on s'occupe de moi, on viendrait m'aider. Ces enfants n'ont rien d'autre que nous.

Cela vaut pour les dodos, mais aussi pour tous les problèmes et tracas que les bébés et enfants ont à traverser : nous devons au moins tenter de les comprendre et de les accompagner. J'ai souvent remarqué des états de confusion et d'inquiétude, autant chez le bébé que chez le jeune enfant, et j'ai l'impression que ces situations peuvent parfois être plus importantes et éprouvantes pour eux que nous ne l'estimons. J'imagine aussi qu'elles peuvent faire boule de neige si nous ne prenons pas le temps de les réparer. Dès que je sens mon bébé perplexe et sur le bord de faire une crise, je reprends ce qu'il est en train de vivre du début. Aussi ridicule que cela puisse paraître, s'il voulait, par exemple, mettre lui-même les bananes dans le panier d'épicerie, mais que je l'ai fait à sa place et qu'il panique, je les reprends calmement, les lui donne en lui parlant et m'assure qu'il retrouve son calme, puis qu'il accomplisse ce qu'il voulait faire. En étant attentive à mon enfant, je me suis rendu compte que j'avais coupé son initiative et qu'à ce moment-là, elle était d'une importance cruciale pour lui. Dans une telle situation, plutôt que d'ignorer mon enfant et de continuer l'épicerie avec lui en crise, ce qui m'aurait probablement fait perdre plus de temps au bout du compte, j'ai pris un moment pour accuser le coup ; nous en sortons donc tous les deux gagnants. Je ne vais pas jusqu'à prétendre qu'il est nécessaire de faire une rétrospective avec lui, comme on le ferait avec un grand, mais il se peut tout de même que notre bébé comprenne plus qu'on ne le croit. Après avoir réussi à résoudre un problème avec lui ou lui avoir donné certaines explications, mon enfant se blottit tout contre moi et se sent réconforté. Je ne me crois pas magicienne, mais je remarque un apaisement chez mes enfants ainsi qu'une absence de crise.

Les « grands » ont aussi des besoins

En grandissant, les enfants expriment leur détresse différemment, mais il ne faut pas en tenir moins compte pour autant. Même s'ils sont maintenant plus autonomes, ils ont encore besoin de notre aide pour faire face à certaines difficultés et régler certains problèmes. Ils ont tout aussi besoin de notre présence, gage de leur réussite, selon les études sur la persévérance scolaire.

Nous avons connu une mauvaise expérience avec notre aîné en classe de maternelle. Je la partage avec vous pour démontrer mon point de vue que nous ne devrions pas laisser un enfant en situation de détresse. Il est allé à la maternelle à temps partiel (à raison de demi-journées). Je voulais qu'il fasse une entrée progressive comme il passait directement du temps plein à la maison à l'école, sans transition en garderie ou en jardin d'enfants. En plus, son petit frère arrivait parmi nous et je ne voulais donc pas trop le bousculer. Je trouvais que c'était une bonne idée et j'ai fait part de ma décision à la commission scolaire comme il se doit. Je voulais vivre cette nouvelle étape dans l'harmonie et qu'il se familiarise tranquillement avec l'école, pour qu'il y prenne goût. Après tout, les maternelles ne sont à temps plein que depuis une dizaine d'années seulement, pour accommoder les parents ; avant, les enfants n'y allaient que des demi-journées.

Je voulais que mon fils aime l'école, et sur ce plan, ce fut une véritable réussite. Il a tout de suite aimé travailler sur ses projets (il fréquentait une école alternative), il aimait apprendre et il était très heureux, ouvert, il s'est fait des amis rapidement et aimait ses enseignants. Malheureusement, des enfants plus turbulents ont commencé à s'acharner sur lui. Réservé, lorsque dans un groupe, il n'a pas su comment négocier avec eux. Dans le but d'être au fait de la situation, j'ai alors invité ces enfants à la maison ; j'ai donc été à même de constater, exaspérée, qu'ils n'écoutaient pas du tout les consignes. Et si je n'y arrivais pas, moi, comment notre fils pouvait-il y arriver ? D'autant plus qu'il n'avait pas le recul nécessaire pour comprendre ce qui se passait. Lorsqu'il a demandé de l'aide à ses enseignantes, comme je l'avais encouragé à le faire, elles sont demeurées comme des « statues », pour reprendre ses propres mots. Elles ne sont pas intervenues, prétextant, plus tard, que c'était à lui, à cinq ans, de gérer ses conflits avec des mots et selon les étapes si bien expliquées et dessinées sur le papier accroché au mur. Souvent, nous-mêmes, en tant qu'adultes, peinons à gérer nos différends. Par contre, nous demandons à des enfants de cinq ans de réussir dans la gestion de conflits personnels, là où nous, nous échouons souvent. Je ne milite pas pour un régime strict au sein des classes, mais les enseignants devraient intervenir à l'occasion, sinon, c'est la loi du plus fort qui s'installera dans nos cours d'école.

Les enseignantes de mon fils avaient, à mon humble avis, tort et leur méthode était totalement inadéquate puisque rien ne s'est arrangé. Après avoir changé d'école et en avoir discuté avec des surveillants, des enseignants, des psychologues et des directeurs, nous en sommes venus à la conclusion que nous devons accompagner nos enfants, tant les plus turbulents que les plus timides, et surtout si ceux-ci nous demandent notre aide ou s'ils n'arrivent pas à régler eux-mêmes leurs tourments. De mon côté, en tant que parent, je ne me suis pas non plus sentie soutenue et j'en dormais mal, la nuit. Mon fils quitte son nid et mes bras pour la vie à l'école, je l'accompagne depuis des années afin que tout se passe le plus en douceur possible et je m'attends à ce que les adultes en place prennent le relais avec bienveillance, mais cela n'a malheureusement pas été le cas. Le problème est que si ces adultes qui œuvrent dans le milieu scolaire sont blasés ou préoccupés par autre chose que leur soi-disant vocation, comme on me l'a annoncé pour excuser leur manque de soutien, rien dans notre système d'éducation n'est mis en place afin que les éducateurs se reposent ou soient remplacés au besoin... le temps qu'ils revoient leurs priorités. Apparemment, les facteurs de réussite scolaire (et cela nous concerne tous) viendraient d'abord de la qualité des enseignants, mesurée selon leur aptitude à communiquer le goût d'apprendre aux élèves, suivi de l'encadrement des parents.

J'ai donc vu mon fils revenir de l'école les pantalons déchirés, sans que personne ne m'avertisse de ce qui s'était passé, m'avouer s'être fait bousculer, tirer, etc., puis se replier de plus en plus sur lui-même, muré dans son silence, sans défense dans ce nouveau monde de craintes. À l'école, on me disait à quel point il était travaillant, aimait apprendre et écoutait attentivement, comparativement aux autres élèves. Il n'a suffi que de quelque temps pour que le respect des autres et cette volonté de découvrir soient happés par la peur.

Avec ses « sains » amis en visite à la maison ou encore en visite chez eux, tout s'est toujours bien déroulé ; ce n'est qu'avec ces quelques écoliers de sa classe de maternelle que la situation a été problématique. On ne peut tout de même pas demander à un enfant de cinq ans de négocier avec son « agresseur » ! Un adulte, lui-même, porterait plainte pour harcèlement. Personnellement, si on me frappait, je n'aurais pas envie d'étaler mes sentiments, j'espérerais simplement la paix. Pourtant, c'est ce qu'on a demandé à MON enfant agressé de faire : de discuter avec les « durs », de leur dire que ça ne lui convenait pas. Est-ce que cela a arrangé la situation ? Non : les enfants suivaient constamment notre fils et ne le lâchaient pas ; ce qui se passait dans sa classe était invivable pour lui et l'aurait été pour quiconque.

Attention, je ne veux pas le surprotéger. Je suis bien consciente qu'il vivra des difficultés au cours de sa vie et qu'il faudra d'abord l'aider à les traverser pour qu'il puisse le faire seul par la suite. Je veux simplement l'outiller, le mieux possible. Pour cette première fois, on a donc tenté de régler la situation avec lui ; dès qu'il nous a confié ses malheurs, nous avons entrepris de l'aider, mais cela fut quelque peu difficile, vu l'incompréhension des enseignantes. Cette situation a donc duré quelques mois, et plus ça allait, pire c'était. Au cours d'une réunion de parents, où je partageai mon histoire sur le problème de l'intimidation et demandai le support des autres parents présents, la mère d'un intimidateur clama haut et fort qu'elle ne voulait pas que l'on dise à son fils qu'il était agressif parce que cela le dévalorisait. Le monde à l'envers…

Nous avons pourtant remarqué que les rares fois où mon fils était appuyé par le personnel de l'école, les changements qui s'opéraient chez lui étaient rapidement visibles et sa joie de vivre revenait ; sans accompagnement, son angoisse grandissante créait en lui des maux que nous, les adultes, aurions eu de la difficulté à supporter. D'ailleurs, qui retournerait au bureau, ouvert et souriant, en sachant que des collègues le bousculeraient, tireraient sur son collier, voleraient ses effets personnels ? Le décalage était immense entre son bonheur d'avant et la gravité des cauchemars et des angoisses causés par cette intimidation.

Ce que vivent les enfants peut tellement leur paraître énorme. En début de parcours scolaire, tout se dessine ; on ne leur souhaite donc pas de mauvaises expériences pour débuter leur vie, car celles-ci pourraient s'avérer déterminantes pour leur avenir et leurs relations futures. D'autres diront que s'il avait fréquenté la garderie, il aurait appris à prendre sa place. Je trouve inquiétant de penser que la garderie est un passage obligatoire, de nos jours, alors que plusieurs pédiatres s'entendent pour dire qu'il est primordial que l'enfant en bas âge soit avec ses parents. De plus, je connais des enfants qui sont allés à la garderie et qui ont tout de même vécu le même type d'intimidation. Les enfants sont tous de nature différente, qu'ils passent par la garderie ou pas. Certains sont réservés et timides, alors que d'autres, non. Je peux d'ailleurs déjà prévoir que mon bébé ne connaîtra probablement pas ce genre de problème. Je crois, de toute façon, qu'en tant que parent nous avons un devoir de bien encadrer nos enfants afin d'éviter qu'ils vivent des abus. Comme dans n'importe quel regroupement social, il est très difficile pour la victime de proposer une entente et de demander le respect. Pourquoi laissons-nous l'agresseur continuer son œuvre sans qu'il ne subisse de punition ? Je me suis mise à la place de Louis (tout comme je me mets à la place de mon bébé) pour tenter de le comprendre.

Je crois qu'un enfant peut fréquenter une école magnifique, et c'en était une, mais que certains éducateurs en place peuvent souffrir de certains manquements. On ne peut tout de même pas exiger d'un enfant de cinq ans, victime d'intimidation, qu'il règle lui-même la situation. Je suis allée à des dizaines de rencontres, j'ai demandé de l'aide à plusieurs reprises, mais les conflits perduraient. Comme le disait si bien Einstein : « *Insanity is doing the same thing over and over again but expecting different results*[8]. »

Rien ne changeait. Devant l'échec de nos démarches, nous avons décidé de retirer notre fils de cette école. Je ne pouvais pas continuer à le laisser ainsi vivre cette situation d'intimidation, et j'avais le choix. J'aurai toujours le choix. Nous avons donc recommencé à neuf l'année suivante, dans une école où pour le personnel en place c'était tolérance zéro face à l'intimidation entre les jeunes et face à ceux qui ont des troubles de comportement (il faudrait d'ailleurs se demander pourquoi il semble y en avoir de plus en plus). Depuis ce jour, je suis également très présente dans cette école, qui est en quelque sorte le prolongement de la maison.

Je sais bien que Louis connaîtra des problèmes au cours de sa vie, il en connaît d'ailleurs déjà, mais il était trop jeune pour les affronter seul. Lorsque nous l'avons accompagné dans la cour de sa première école, seule la présence d'adultes dans sa démarche l'a réconforté et lui a donné la confiance dont il avait besoin pour affronter ces défis. Il était tellement heureux et plus sûr

---

8   « La folie c'est de reproduire sans cesse les mêmes gestes en espérant des résultats différents. »

de lui, mais cela ne s'est pas maintenu parce que ce soutien n'a pu durer sans nous. Je trouve primordial que l'on soit à l'écoute de ses enfants et que l'on ne sous-estime pas leur détresse. Un enfant qui a de la difficulté à se faire respecter des autres peut avoir besoin d'un tuteur pour le soutenir et le guider à travers cette épreuve ; comme une plante que l'on aide jusqu'à ce qu'elle soit rendue assez forte et pousse par elle-même dans la bonne direction. Il faut aider les enfants et les outiller. Un jeune qui est victime d'abus à l'école et qui n'est pas accompagné par au moins un adulte, pour moi, ça ne va pas. Particulièrement lors de ces premières années scolaires, tellement déterminantes pour le reste de leur vie. Cependant, cet encadrement est, à mon avis, aussi important pour la victime que pour celui qui a des troubles de comportement ; tous deux ont besoin qu'on leur impose des limites et de sentir qu'elles sont respectées. Notre rôle à nous, les adultes, est de les guider, mais c'est parfois tellement plus facile de laisser simplement aller les choses. Enseignons-leur le respect de soi, de l'autre et de la planète. Dans la liberté, bien sûr, mais à condition que cela ne brime celle de personne. Le cadre de limites qu'on leur impose peut être large, mais il doit tout de même être là, car cela sécurise l'enfant de se sentir encadré.

Le plus dommage dans toute cette histoire qu'a vécue notre fils, c'est qu'il ait dû quitter son école, alors que tout le monde s'entendait pour dire qu'il était extraordinaire, parce qu'entre autres, il était attentif, concentré et aimait ce qu'il faisait. On allait même jusqu'à dire qu'on gagnait à être en sa présence (et c'est toujours le cas aujourd'hui !). Curieux hasard, le journal La Presse relatait récemment un cas similaire[9] : un adolescent victime d'intimidation dans une polyvalente a dû quitter un programme qu'il adorait après quatre ans de souffrance. Il

---

9   www.cyberpresse.ca/chroniqueurs/patrick-lagace/201106/22/01-4411820-manuel-
    contre-les-loups.php

s'est alors retrouvé dans son école de quartier où, par malheur, son agresseur avait aussi été refoulé. Qui a ensuite dû quitter cette nouvelle école pour aller au privé ? La brute ? Bien sûr que non.

Tout ce qui importe, maintenant, c'est que l'on soit écoutés, lui et nous, puis qu'il ait retrouvé sa joie d'enfant, sa confiance en lui et sa confiance en nous. Je suis peut-être bien une maman extrême, mais je suis cohérente. Je ne laisse pas mon bébé pleurer ; je n'attends pas non plus que mon enfant s'habitue à ses malheurs.

Je souhaite que mon fils se sente fort et en sécurité dans la vie, car je crois vraiment que tout comme pour les bébés, lorsqu'un enfant se sent bien, il lui est plus facile de s'ouvrir vers le monde extérieur.

Mettons-nous à leur place. À l'école, on les compare régulièrement entre eux (avec des notes), et un enfant qui ne performe pas bien académiquement peut facilement se sentir un moins que rien. Si nous, adultes, vivions une situation semblable, nous serions dévastés. Je crois qu'un enfant, au même titre qu'un «grand», s'épanouit surtout s'il peut créer et évoluer dans ce qu'il aime ; s'il apprend à connaître ce qu'il aime ; s'il accepte autant ses forces que ses faiblesses et s'il est respecté dans ce qu'il est. On sait très bien que de petits malaises, comme de plus grands, tels que l'intimidation, peuvent modeler une vie. Une fois adulte, on essaie de se défaire de ces mauvais chemins empruntés et de ces mauvais réflexes sociaux. Soyons donc vigilants et à l'écoute des moindres soucis de nos enfants, qu'ils soient de ceux qui sont turbulents ou timides, agresseurs ou victimes. Si nous avons des enfants, prenons alors nos responsabilités jusqu'au bout et accompagnons-les sur le chemin de la vie.

Les liens que l'on tisse avec ses bébés déterminent la relation que l'on aura avec eux lorsqu'ils deviendront des enfants ; la compréhension, le respect et l'encouragement déterminent la relation que l'on aura avec eux, une fois adolescents. Le bébé se résigne à force de ne pas être compris ; l'enfant y parviendra également... mais au prix de quels malheurs intérieurs ?

Vivre ou stresser avec eux chaque jour ?

Il est important aussi de comprendre que le malheur de nos petits ne vient pas toujours des autres. Parfois, sans le vouloir, nous laissons notre stress et nos angoisses assombrir leur bonheur.

Cela est particulièrement vrai avec cette pression que nous (surtout les femmes) nous infligeons aujourd'hui. Ne souhaitons-nous pas qu'ils soient des enfants «enfants» et que leurs fondations soient solides ? Peut-être alors devrions-nous moins travailler et cesser de courir autant. En bout de ligne, ce sont nos enfants qui paient pour notre désir (en est-il vraiment un ?) de performer. Je le vois, moi, qui pourtant travaille peu présentement. Lorsqu'il m'arrive d'être pressée et de demander à mon fils de se dépêcher, c'est un véritable gâchis ; alors que lorsque je ne suis pas stressée et que je prends de l'avance, cela fait toute la différence. De plus, ne pas se bousculer, profiter du temps et jouir de la vie est la clé de la santé ; tandis que le stress, lui, engendre la maladie. Prendre le temps permet aussi à notre enfant de s'ouvrir et de communiquer ; cela lui donne l'occasion de discuter avec nous. Mais les parents d'aujourd'hui n'ont pas le temps d'échanger ou de jouer au soccer avec leur enfant un soir de semaine. Et la fin de semaine ? On remplit les cases horaires ! Un cours de ci, un cours de ça et les courses à faire ! La vie continue, mais sans nous... Nous courrons à côté. Tout cela n'a tout simplement aucun sens ! Je comprends que nous ayons des obligations, mais notre société ne devrait-elle pas favoriser un certain équilibre entre cette folie et le bonheur, c'est-à-dire la vie : avoir du temps, respirer et être avec nos enfants ?

> Prendre le temps permet aussi à notre enfant de s'ouvrir et de communiquer ; cela lui donne l'occasion de discuter avec nous.

En plus, nous organisons maintenant l'horaire de nos enfants en fonction du nôtre : nous les réveillons pour les conduire au service de garde tôt le matin, ils dînent à l'école et ils y restent après les classes. Comment peut-on demander à des enfants d'être en interaction constante avec d'autres, du matin au soir ? Nous serions nous-mêmes incapables d'en faire autant. Mettons-nous donc encore une fois à leur place. Pour ma part, je trouve cette réalité totalement malsaine ; on a tous besoin de moments de silence, de calme, pour nous retrouver. Il est toutefois certain que la découverte et la stimulation sont bénéfiques pour l'enfant, mais seulement jusqu'à un certain point.

Je vous encourage à prendre le temps de vous observer vous-mêmes à l'occasion. Imaginez-vous à l'extérieur de votre corps. Faites-le pendant quelques secondes, et ce, à différents moments de la journée. Cet exercice peut sembler simpliste, mais je vous l'assure, il est redoutable comme outil d'évaluation de la qualité de notre vie ; il peut nous faire rire, comme il peut nous effrayer. Cela peut effectivement parfois devenir alarmant de réaliser l'importance que l'on accorde à des activités tout à fait futiles et inutiles à notre évolution personnelle ou à notre bonheur.

Il n'est pas nécessaire que les enfants soient constamment stimulés. Au contraire, ils ont aussi besoin de temps pour laisser libre cours à leur créativité et leur imagination. L'Institut Pikler[10], en Hongrie, est un orphelinat qui suscite un intérêt international, où, depuis soixante ans, on mise sur des soins de grande qualité pour les enfants. Ainsi, malgré l'abandon et les difficultés que les petits orphelins ont pu vivre, ils s'y développent harmonieusement. Chaque bébé a des moments d'attention exclusive avec sa nourrice, ce qui comble l'enfant et lui permet, ensuite, de développer par lui-même plusieurs compétences, simplement parce que son besoin d'attention a été rempli. Il en résulte une ambiance très sereine. L'enfant peut donc jouer seul, dans un

---

10   www.pikler.fr/origines/institut.php

environnement adapté à son niveau de développement, sans avoir besoin d'être sans cesse animé par un adulte. Je rêve d'un tel environnement ici pour nos jeunes maltraités.

La raison principale de l'harmonie et de l'épanouissement chez les enfants résiderait dans le toucher, qui, offert en «doses» régulières, changerait notre biologie (autant chez les petits que chez les grands). Des tests sanguins révèlent d'ailleurs que les hormones de stress, lors de tels soins (du massage au simple toucher), sont à la baisse; les globules blancs, à la hausse (le système immunitaire est renforcé), et que le niveau d'ocytocine est au plus haut (la fameuse «hormone de l'amour» qui favorise les interactions sociales impliquant, entre autres, l'attachement), de même que celui de la sérotonine (un antidépresseur naturel). La santé comme le bien-être en général sont donc ainsi améliorés.

Au lieu d'entourer nos enfants de paix, de temps, de douceur et d'attention, nous les surstimulons. Ce dont ils ont besoin, c'est d'être avec nous, et d'être, tout simplement. Cela vaut également pour les bébés. Pourquoi les jouets leur étant destinés sont-ils si bruyants? Comme c'est abrutissant! Pourquoi toujours vouloir les stimuler? Ils le sont déjà par ce qu'ils découvrent chaque jour. À quoi mène cette hyperactivité étourdissante? Les soins, le toucher, la lecture ne conduisent-ils pas davantage à une harmonie?

Nous demandons aux enfants de s'adapter à nos besoins, alors que ce devrait plutôt être à nous de répondre aux leurs : jouer, explorer et se développer à leur propre rythme. Un enfant qui n'apprend à lire qu'en deuxième année n'est pas pour autant un bon à rien, et un rêveur qui n'est pas doué pour les mathématiques deviendra peut-être un grand artiste plus tard. Nous exigeons qu'ils soient performants au lieu d'être des enfants (ne doit-on pas d'abord passer par là avant de devenir des adultes?). Le plaisir et le jeu sont aussi essentiels au développement équilibré du cerveau. Même pour nous, la performance peut devenir malsaine. Nous conditionnons malheureusement nos enfants à se stresser et ainsi, sans le vouloir, nous les orientons vers la maladie… Je ne trouve pas normal que des enfants soient soignés pour des dépressions. Ne serait-il alors pas souhaitable de se rebrancher sur la nature, d'écouter les besoins des bébés et des enfants : leurs besoins de tendresse, de découvrir, de rire et d'être près de la terre ?

Les enfants ne jouent plus dehors ; à la place, ils «pitonnent» de trois à quatre heures par jour[11]. Autrefois, nous vivions souvent à proximité d'une ferme, nous nous nourrissions de produits de la terre et nous en reconnaissions l'importance. Maintenant, nos enfants ne savent même plus d'où vient ce que l'on mange. Sommes-nous conscients que plusieurs nouveaux maux que développent nos enfants aujourd'hui (obésité et diabète, pour ne nommer qu'eux) sont causés par l'absence de temps passé à l'extérieur ? Qui défendra notre nature, nos forêts et notre agriculture demain, si les enfants ne les connaissent pas ? Les enfants devraient profiter de leur enfance pour jouer dehors, à travers les arbres ou dans la terre, ou simplement jouer à «kick-la-cacane».

À la maison, Louis a un «grenier enchanté» rempli de jouets provenant de ventes-débarras, un paradis pour tous les enfants qui viennent dans notre «maison de rêve». Et pourtant, où les enfants sont-ils le plus heureux ? Dehors ! Dehors avec des bâtons de bois et des roches, à courir, à attraper des grenouilles et à se créer un univers extraordinaire sous un arbre. L'enfant doit jouer dehors ; il a besoin d'air (et nous aussi !). Il est impossible de vivre en paix avec un enfant qui ne sort pas à l'extérieur. On peut aller au parc, à la montagne, à la plage publique, à la piste cyclable ; n'importe où, mais on sort ! En plus, c'est gratuit. Louis a deux ou trois amis dont il est très proche et avec qui il peut passer des heures à s'amuser, sans que je leur prépare un quelconque plan ou horaire, et à l'extérieur. Je ne me suis jamais inquiétée de devoir les «occuper». Je n'ai pas à leur organiser des activités, ils prennent des branches et partent dans leurs aventures.

---

11   www.thechildren.com/fr/sante/pathologies.aspx?ilD=294

Plutôt que d'imposer des jeux, j'ai toujours suivi mes fils ; ce sont eux qui me guident vers ce qu'ils veulent faire. Nous découvrons ainsi leurs intérêts, leur univers, leur imagination si fertile et précieuse dans les sept ou huit premières années de leur vie, là où tout est possible.

Pour être heureux et se développer harmonieusement, les enfants ont besoin d'être réconfortés et accompagnés pour traverser leurs difficultés. Ils ont aussi besoin de temps, d'attention, d'un milieu de vie paisible et de contacts avec la nature. Voilà ce que je tente d'offrir à mes fils à chaque instant. Certes, ma vie diffère du modèle général, mais tous les jours, je constate à quel point mon idéal rend mes fils heureux et cela me suffit.

À la lecture des premiers chapitres, Dr Chicoine me faisait remarquer que nous devons aussi, comme parents, initier nos enfants aux frustrations auxquelles ils seront confrontés tout au long de leur vie, sans toujours anticiper pour eux. Il y a une subtilité à atteindre alors que nous devons aussi les éduquer au non et à la frustration, à l'autorégulation, à la séparation (que se passera-t-il si je ne suis pas là ?) et au bon et au méchant, d'autant plus que le monde, comme nous le savons malheureusement, n'est pas toujours basé sur l'entraide et qu'un grand pourcentage de l'humanité est en colère contre l'autre. Nous devons ainsi fournir coquilles et armes à nos petits.

L'éducation au sommeil est également essentielle : certains bébés sont démunis dans leurs capacités d'autocontrôle et c'est là que je mets des bémols sur les techniques transmises à l'unisson : à chaque famille son modèle ! Les valeurs humaines comme le dysfonctionnement ont leur place ! Jusqu'à quel point est-ce que je m'implique dans la vie de mes enfants ? Complètement lorsqu'ils sont nourrissons, puis je les laisse tranquillement explorer leur univers en les accompagnant du nid douillet à la petite école ? Où vais-je m'arrêter ? Je ne me vois pas assise à leurs côtés dans leurs classes à l'école secondaire ! Je veillerai de loin tel le phare que je pense être. Je vise bien sûr leur autonomie, mais à leur rythme. Lorsque je réalise que les armes ne sont pas adéquates, je me ravise : à la suite de l'intimidation, nous avons cru bon d'offrir des cours de karaté à notre aîné, trop doux et gentil pour les cours d'école. Après trois années, nous le voyons gagner de l'assurance, interagir avec ses camarades et prendre sa place avec respect. Simpliste ? Avec la communication que nous entretenons avec lui et les encouragements, il semble que la maîtrise de cet art fait la différence (le travail connexe est essentiel : le renforcement positif, la gratification ainsi que le support continuel des parents).

Je suis aussi lucide et responsable, je n'ai jamais considéré mes enfants comme «les miens». Je ferai tout pour qu'ils s'épanouissent et comme le rappelle mon docteur favori, le besoin le plus important pour un enfant est d'être apaisé, l'amour vient ensuite. L'idéal est d'utiliser notre corps pour le mettre en confiance. Le toucher et le bercement sont plus importants que la vue, l'audition et le reste. (Il me relatait une expérience avec des primates auxquels on a tout donné sauf l'accès à leurs parents qui étaient derrière une vitre. Les petits sont devenus agressifs et portés vers leurs semblables violents, non vers les adultes).

C'est ainsi que je vis comme maman. Je m'investis pour les rassurer. Je suis évidemment consciente que mes fils quitteront ma maison en pain d'épice pour vivre dans le vrai monde. Je les couve dans leur petite enfance (en favorisant les moments où ils jouent de leur côté !). Je ne veux pas leur couper les ailes, je veux leur en donner ! Je les suis à l'école pour une transition harmonieuse et pour qu'ils prennent leur envol avec force, sachant que je suis et serai toujours là, tout comme leur papa.

Pour en apprendre davantage sur cette philosophie de vie :
Le Bébé et l'Eau du bain, docteur Jean-François Chicoine et Nathalie Collard, éditions Québec/Amérique, 2006.

Les Enfants de la colline des roses : Lóczy, une maison pour grandir, Bernard Martino, éditions JC Lattès, 2001.

CHAPITRE 4
LAISSER L'ENFANT ÊTRE ENFANT

Une école pour mon fils

J'ai créé un univers sur mesure pour mes deux fils. J'ai emménagé dans ma maison de rêve alors que j'étais enceinte de mon aîné, habitée par un désir très fort d'être dans une maison de pierres à la campagne. Et je l'ai trouvée, comme par enchantement! Un soir de pleine lune, mon flair m'y guida; bien qu'elle n'était pas à vendre, et sans même l'avoir visitée, je savais qu'elle était pour moi et que je l'habiterais dans moins d'un an… Puis c'est arrivé! Depuis, j'ai pu y construire un grenier «magique» et les enfants ont un magnifique environnement pour courir et jouer à l'extérieur.

Pour moi, il était hors de question que j'«abandonne» mon fils aîné à l'école après avoir vécu cinq ans avec lui dans cette vie de rêve. Je désirais également qu'il retrouve dans son nouvel environnement d'apprentissage les mêmes valeurs que je favorisais à la maison. Je souhaitais, en quelque sorte, que notre vie se prolonge jusqu'à l'école, mais cela me semblait plutôt difficile à envisager dans le cadre de notre système scolaire traditionnel. Lorsqu'il avait trois ans, j'ai alors eu une vision. Couchée sur le dos (après ma routine de respirations matinale), j'ai eu cette inspiration: une école différente pour lui. Je l'ai imaginé sur une terre, un peu comme les écoles à l'ancienne. Tout se dessinait clairement dans ma tête: on y commencerait les journées avec des histoires, on en discuterait par la suite assis par terre, en rond, on ferait des étirements, on rirait et, bien sûr, on jouerait dehors. Une école de vie, une école qui reflète la vie. Après avoir réfléchi et «vu» cette école idéale, j'ai entrepris des recherches afin de découvrir ce qui existait déjà à ce moment et ce qui s'en approchait le plus. Je connaissais déjà les écoles alternatives. Je me suis donc informée sur celles-ci et j'en ai visitées plusieurs, pour me rendre compte qu'elles rejoignaient vraiment mon idéal. J'ai alors approché ma commission scolaire et certains intervenants qui connaissent le milieu éducatif alternatif afin de connaître les différentes étapes qui mènent à la naissance d'une telle école. Pendant trois ans, j'ai suivi les étapes nécessaires pour qu'elle prenne vie, puis elle a finalement vu le jour en septembre 2010.

Les écoles différentes

Les écoles alternatives existent depuis plus de cinquante ans au Québec. Les enfants qui les fréquentent réussissent majoritairement par la suite leur secondaire, alors que le taux de décrochage des écoliers en institution traditionnelle est catastrophique. Pourquoi? Je crois que l'on devrait se pencher sur la question. L'école alternative a comme principe de base le respect de l'enfant tel qu'il est. On respecte son rythme, ses besoins et ses intérêts. Aussi, les parents y sont présents; ils y partagent même leurs connaissances. Puisqu'ils participent à construire l'école de leurs enfants, ils peuvent également y transmettre leurs valeurs familiales. Leur présence est déterminante pour le succès de l'enfant, et ici, je ne parle pas de succès en termes de résultats scolaires ou de taux de diplômes, mais plutôt en termes d'audace, de création, de passion, de croyance en l'humain, pour reprendre les mots de Monique, directrice de notre école. De plus, ils apprennent à se connaître. Ces caractéristiques étaient tellement importantes pour moi, en tant que maman, alors que moi-même je ne savais pas ce que j'aimais à ma sortie du cégep; je ne connaissais pas plus ni mes forces ni mes faiblesses, seulement des notions apprises par cœur. «Connais-toi toi-même», disait Socrate.

Afin de faire naître «mon» école, j'ai enclenché le processus en discutant d'abord avec des gens de mon entourage, et tout de suite se sont joints à moi des familles et des enseignants qui souhaitaient tous une approche basée sur les enfants : une approche anti-performance (mais qu'a-t-on aujourd'hui à vouloir exceller sans prendre le temps de vivre ?). En cours de route, on m'a proposé de créer une école privée, mais j'étais opposée à cette idée, je tenais profondément à mettre sur pied une école publique qui serait offerte à tous, sans aucune discrimination. Je voulais qu'on y accueille des enfants de tous les milieux sociaux ; le seul critère pour en faire partie serait le désir d'implication des parents et le partage des mêmes valeurs.

Pour ceux qui seraient tentés par cette grande aventure, voici un résumé des étapes que j'ai traversées avec passion pour ce projet. J'ai rassemblé des familles au moyen des médias ; tenu de nombreuses réunions, chez moi principalement, afin de les informer et de nous questionner. Ensemble, nous nous sommes régulièrement présentés à la commission scolaire pour démontrer notre besoin d'une école différente. J'ai dû clamer haut et fort que la performance (dans une ère où on la vénère) n'était pas pour nous. J'ai quotidiennement répondu à des courriels. J'ai organisé des soirées avec des intervenants. Je me suis informée. J'ai suivi le fil des démarches avec la commission scolaire en restant en communication avec elle. J'étais toujours accompagnée de plusieurs parents, mais seule pour tenir cette initiative du début à la fin. Merci à Pierre et Françoise du REPAQ[12] de s'être joints à moi après quelques mois.

Après deux ans de démarches, la commission scolaire a accepté le projet et a réuni une équipe merveilleuse pour explorer les possibilités et les présenter aux futurs parents bâtisseurs de l'école de leurs enfants. Nous les avons tous rencontrés, un à un, et je me souviendrai toujours de ces moments sincèrement touchants : ils souhaitaient, très émus, rester près de leurs enfants, ils croyaient en eux, n'en dormaient pas la nuit, tellement ils espéraient une école

---

12 Réseau des écoles publiques alternatives au Québec.

différente, où les adultes verraient le potentiel de leurs merveilles, où ils fonctionneraient à leur rythme et leur permettraient de toujours veiller sur eux. Nous les avons rassemblés avant la rentrée scolaire ; sur cent familles, tous étaient présents, autant les mères que les pères. Cette situation ne correspond pas tout à fait à ce que l'on entend des soirées de parents, où seulement quelques-uns sont présents pour se plaindre du transport scolaire. Cette implication m'a réellement touchée. Leur passion est palpable, ils sont très engagés et l'école est ainsi le prolongement naturel de nos maisons.

Monique, la directrice de notre école, est un être d'exception, la meilleure directrice que nous puissions espérer. Pour elle, l'occasion de « fonder » une école fut extraordinaire et une expérience unique. La chance nous a réunis pour cette création et nous nous rendons compte que nous partageons les mêmes passions. Bâtir ensemble est un véritable plaisir, comme avec tous les parents et enseignants impliqués, d'ailleurs.

Lors de cette première réunion avec les deux cents parents, Monique m'a remerciée devant le groupe. Prise par surprise et retenant à peine mes larmes, je recevais pour la première fois de ma vie une telle reconnaissance. J'ai commencé, trois ans auparavant, à me dévouer pour ce projet. J'ai fait tout ça égoïstement et uniquement pour mon fils (en suivant cette idée folle que j'avais eue de l'école idéale, « absurde », pensons-y bien !). Toute la gratitude que j'ai reçue à ce moment-là est de loin l'un des plus beaux cadeaux de ma vie, un de ses moments les plus forts. Je n'avais encore jamais été aussi touchée et exaltée, même en décrochant un rôle ! Cette reconnaissance, qui me restera toute ma vie, occupe vraiment un niveau très élevé dans l'échelle de mon accomplissement personnel. Elle m'incite aussi à continuer d'entreprendre des projets aussi fous et grandioses que celui-ci ; comme quoi rien n'est impossible. Depuis, je reçois presque quotidiennement des témoignages de gratitude des parents. Je suis fière de cette école. Elle existera peut-être encore dans cinquante ans, et ce n'est pas seulement la vie des enfants qui y sera transformée, mais aussi celle de leurs parents, de leurs frères et de leurs sœurs, et des enseignants qui y travailleront.

Chaque semaine je m'y rends pour donner des ateliers aux enfants ou pour simplement aider en classe, et j'emmène toujours Charles avec moi. C'est absolument merveilleux! Les écoliers le «chouchoutent» et l'enseignante se sert même de lui pour expliquer aux élèves différentes étapes d'apprentissage. Je nous sens toujours les bienvenus et lui est aux anges! Il n'a pas assez de temps pour tout voir, tout découvrir, recevoir les câlins et jouer. En classe, Justine le bécote et Fabrice lui prête son «ballon-siège». Si nous sommes dans le gymnase, il essaie tous les accessoires et un enfant, que d'autres pourraient qualifier de turbulent, en prend soin et veille sur lui. Si nous revoyons l'orthographe des mots avec un petit groupe d'enfants à la cafétéria, il a son coin pour «cuisiner» et courir d'un enfant à l'autre. Nous mangeons avec Louis, qui est fier et heureux d'être avec nous. Le soir venu, je m'exclame souvent sur mon bonheur. Je suis comblée d'être avec mes enfants et de les voir s'épanouir ainsi.

Toutefois, enseigner différemment a demandé beaucoup de patience aux instituteurs avec les élèves plus âgés, habitués à l'école traditionnelle. Ils ont dû être «déprogrammés» (les parents aussi, d'ailleurs). Au début, ils ne savaient trop que faire de cette liberté de penser et de choisir. Trop longtemps contenus, ils ignoraient comment être et pensaient qu'ils pouvaient lancer des crayons dans la classe. Les enseignants ont alors utilisé tous les moyens possibles pour leur apprendre à être libres et autonomes, mais responsables. Chez les plus petits, ce problème ne s'est jamais posé.

Le parent, lui, doit avoir confiance en son enfant, car étant donné que les performances académiques importent moins à l'alternatif, il ne peut utiliser les notes pour évaluer le rendement de son enfant et le situer par rapport aux autres. Le parent doit plutôt suivre le développement global de son enfant (ses forces, ses défis, académiques et personnels), au rythme de celui-ci et échelonné sur sept ans. Par exemple, il se peut que son enfant apprenne à lire plus tard, ou plus tôt qu'un autre. Le parent doit alors croire en lui, peu importe ce qui arrive, et dans tout ce que l'enfant est. La confiance n'est-elle pas d'ailleurs la base de toute relation ? Il n'y a donc pas d'évaluation chiffrée, ni de comparaison entre élèves. Ainsi, lorsque j'ai rencontré l'enseignante de Louis, à la remise du « non-bulletin » (il n'est ni traditionnel ni chiffré), nous avons discuté pendant une heure, de la manière dont il se développe à l'école, dont il interagit avec les autres, de sa personnalité, de ce qu'il aime. Nous avons à peine effleuré la question des « notes » (qui n'en sont pas, en fait, car ce sont des évaluations en mots et des autoévaluations, car autant l'écolier apprend à se corriger, autant il apprend à se situer lui-même dans ses différents apprentissages). Par ailleurs, le parent est libre de venir en classe, s'il le souhaite, pour aider et être au fait de tout. Je salue tous ces parents qui participent activement à une vie écolière lumineuse et magnétique ainsi qu'au succès de leurs enfants, et ce, même s'ils ont eux-mêmes un travail et un horaire chargé. Ces parents souhaitaient demeurer auprès de leur progéniture et être complices de leurs apprentissages.

Apprendre à se connaître

Le succès (et un certain pouvoir), pour moi, c'est de se connaître. Le drame de la société d'aujourd'hui est que les gens ne savent généralement pas ce qu'ils aiment et ce qu'ils veulent faire ; ils suivent alors les autres au lieu d'être maîtres de leur destinée. J'aurai réussi comme maman si Louis et Charles sont heureux et s'ils font ce qu'ils aiment dans la vie ; s'ils ont des passions et qu'ils vibrent chaque jour. Pour moi, c'est ça, la priorité.

À l'école alternative, on n'enseigne pas à l'enfant en lui faisant apprendre par cœur ce qui est écrit dans les livres. On l'entraîne plutôt à se poser des questions, à penser, à échanger, à s'exprimer d'autant de façons qui l'animent. Ce processus de développement, rappelons-le, se fait sur sept ans. L'enfant se fixe lui-même des objectifs sur une période plus ou moins longue, dépendant du projet. Il choisit ce qu'il veut faire (les enfants apprécient d'ailleurs beaucoup cette forme de liberté), selon ses intérêts du moment. Par exemple, l'enseignant offre à l'enfant la possibilité de lire, de faire des jeux mathématiques avec tel parent ou de pratiquer l'orthographe avec tel autre parent. Il choisit également de quelle façon il souhaite participer à des projets de plus longue haleine, tels que se préparer, en plusieurs étapes, à l'arrivée d'un lapin en classe ou encore s'impliquer dans le comité (vert, humanitaire, etc.) de son choix et donc se réunir, avec des plus grands et des plus jeunes, deux fois par semaine, pour déterminer les actions à poser. L'enfant est en plein cœur de son propre développement. De cette façon, il apprend à mieux se connaître et à se définir en tant que personne.

L'enseignant est témoin de ces différentes démarches chez l'enfant et y participe en tant que guide, non pas en tant qu'autorité. La non-conformité d'un élève est acceptée et n'engendre donc chez lui aucun sentiment de culpabilité. Les enseignants observent, écoutent et accompagnent chaque enfant. Ils bâtissent avec lui.

« Le rôle du maître n'est pas de se contenter de laisser-faire, mais de donner les moyens d'une véritable dynamique d'apprentissage permettant de construire ensemble de véritables acquisitions[13] », selon Célestin Freinet, important pédagogue français. John Taylor Gatto, ex-enseignant et auteur de *The Underground History of American Education*[14], a analysé les problèmes de l'éducation moderne. Selon lui, l'école telle que nous la connaissons a été créée pour former des ouvriers sans les encourager à penser par eux-mêmes, et on n'y veut pas d'enfants différents. On leur enseigne plutôt à :

1. rester en classe parmi les autres enfants « numérotés » et demeurer enfermés ensemble ;

---

13   www.freinet.org/ne/166/166-26.pdf, p. 2.
14   www.johntaylorgatto.com/underground/

2. faire compétition pour obtenir la faveur de l'enseignant et ne pas s'investir dans son travail, car lorsque la cloche sonne, on passe à autre chose sans terminer ce que l'on est en train de faire (par exemple : un enfant compose un poème, la cloche sonne, il doit alors fermer son cahier, puis changer de classe pour apprendre que le singe et l'homme ont les mêmes origines) ;

3. se soumettre à une chaîne de commandement, de pouvoir «policier» (et ne pas penser par soi-même) ;

4. ne pas choisir, mais suivre ce que l'enseignant décide ;

5. être sans cesse évalué et jugé ;

6. être toujours surveillé et ne pas avoir de temps privé pour soi.

On devrait promouvoir la liberté des élèves dans les institutions plutôt que de leur enlever toute conscience. En y pensant bien, les écoles traditionnelles enseignent à obéir aux ordres (et pour approfondir ce raisonnement, un bon politicien n'apprend pas à l'être en sciences politiques, ni un bon poète en classe de littérature). J'adore lire cette pensée de Gatto : «Les bonnes choses arrivent à l'esprit humain lorsqu'il est laissé à lui-même. » Wow, cela veut tout dire.

Réussir sa vie, pas ses examens

J'ai un jour entendu un enseignant déclarer : «Ce n'est pas en mesurant un enfant qu'il grandit plus vite. » L'école alternative est justement basée sur les petites réussites de l'enfant, et non sur un bulletin. Toute victoire, si petite soit-elle, est si valorisante ! Chacune d'elles compte. C'est tellement important ! Personnellement, mon chum a été le premier à me valoriser et ma vie en a dès lors été transformée. Commençons donc par valoriser nos enfants. La compétition fait mal aux adultes ; il faut être fort pour ne pas se dévaloriser lorsqu'on est en constante comparaison (et il ne peut évidemment y avoir que des meilleurs dans un même groupe), et c'est encore pire pour nos enfants. On leur attribue des notes (parfois même à voix haute !). Comment se sentent-ils lorsque celles-ci sont faibles, comparativement aux autres de la classe ? Que vivent-ils s'ils ne comprennent pas une matière ? En tant que parents, souhaitons-nous pour eux qu'ils bâtissent leur vie sur un sentiment de dévalorisation ou de fierté ? Lequel des deux leur procure le plus de confiance en eux, en la vie ?

La directrice de notre école affirme : « On souhaite aider l'élève dans le développement de tout son potentiel. L'aider à être, à grandir et à agir en vivant pleinement sa vie d'enfant dans un climat qui favorise son bien-être. » L'enfant de l'école alternative prend conscience de ses forces, de ses faiblesses et de ses diverses compétences et s'auto-évalue dans sa manière de s'exprimer ou d'être en société, par exemple.

L'enfant de l'école alternative prend conscience de ses forces, de ses faiblesses et de ses diverses compétences et s'auto-évalue dans sa manière de s'exprimer ou d'être en société, par exemple.

Les écoles d'aujourd'hui sont adaptées pour certains enfants, mais qu'arrive-t-il alors à ceux qui ne sont pas doués sur le plan académique, ou tout simplement plus lents, distraits, ou même trop rapides ? Nombre d'entre eux se sentent démotivés, d'autres dévalorisés, alors qu'ils sont peut-être poètes, créateurs, artistes ou chercheurs en herbe qui révolutionneront notre futur. On doit également être à l'écoute de ces enfants et répondre à leurs besoins. On ne peut pas les normaliser, puisque chacun est unique. On devrait donc mettre tout en place pour que les enfants réussissent leur vie, pas leurs examens.

À sa première journée d'école, j'ai vu un petit bonhomme de deuxième année dire à son enseignante qu'il était un bon à rien. Elle a ensuite réussi à lui démontrer qu'au contraire, il pouvait réussir plusieurs choses, et cela a changé sa vie. Le soir venu, il a dit à sa mère : « Maman, savais-tu que j'étais intelligent ? » Aujourd'hui, cet enfant continue de s'épanouir.

L'auteur et enseignant québécois Charles E. Caouette réfléchit lui aussi à notre système scolaire, et ce, après y avoir travaillé pendant quarante ans. Lors d'une conférence donnée en novembre 2004, il critiquait notre système d'évaluation qui permet de classer chaque individu, ce qui fait en sorte que plusieurs se sentent dévalorisés, puisque la marginalisation est de mise. «On rejette tous les jeunes qui diffèrent sensiblement des autres ou qui s'adaptent mal aux approches pédagogiques uniformes qu'on leur impose[15].» Il complétait en mentionnant qu'à «l'école, les jeunes n'acquièrent pas que des savoirs académiques, des savoir-faire précis et des compétences transversales plus ou moins confuses. Ils apprennent comment se comporter, ce qui est apprécié, valorisé et ce qui ne l'est pas. En ce qui concerne les attitudes et les valeurs, ils apprennent très bien, après des années de conditionnement, ce qui est reconnu et prôné par le paradigme industriel, à savoir : l'individualisme, la performance à tout prix, la compétition, l'importance de l'image publique, le non-respect des différences individuelles et collectives, les différentes formes d'intolérance et de violence physique et psychologique.»

Voici un commentaire recueilli dans les premiers mois de vie de notre école, qui me touche profondément :

> *Mon fils faisait partie des enfants qui n'aimaient pas l'école et dont l'estime de soi n'existait plus vraiment. Il se trouvait le moins bon élève de son école, convaincu qu'il ne trouverait jamais sa place dans la vie. Sa détresse était palpable, la nôtre aussi. Il avait dix ans.*
>
> *Après seulement quelques mois à l'école alternative des Cheminots, où il a été écouté, rassuré et aimé tel qu'il était et pour ce qu'il avait à apporter à cette société,*

---

15   Conférence de Charles E. Caouette, «De la sensibilisation à la responsabilisation», 5e Colloque de Montréal sur l'éducation relative à l'environnement : La consommation dans tous ses états... et l'école dans tout ça, 5 novembre 2004, École secondaire Georges-Vanier.

il a repris goût à l'école et à la vie. Apprendre est mainte-
nant un jeu dans lequel il excelle. Aujourd'hui, il aime aller
à son école, comme il le dit si bien… Fier de lui, il par-
tage et aide les autres. Il sait qu'il réussit déjà sa VIE. Le
BONHEUR est de retour à la maison et toute la famille est
heureuse.

Merci à toi, Jacynthe, d'avoir suivi ton CŒUR et d'avoir
écouté le nôtre.

Une maman tellement heureuse…

Une autre maman m'a raconté que sa fille, tellement anxieuse, se réveillait pour vomir dans la nuit du dimanche au lundi. La raison : ses enseignants de première année voulaient la «casser»… Elle évolue désormais dans une nouvelle vie plus heureuse. J'ai reçu des témoignages comme ceux-ci par dizaines. Un nombre incroyable de parents disent que leur enfant est redevenu heureux et a repris goût à l'école. Voici un résumé de ces différents commentaires reçus :

- nos enfants sont désormais détendus et souriants, ils ont le plaisir de jouir de leur vie d'enfant, même en apprenant ;
- notre école offre aux enfants les outils pour apprendre à apprendre et à faire des choix ;
- elle est la continuité de la maison, donc à notre image, et donne à tous l'envie d'être meilleur (et non «le» meilleur) ;
- les enfants s'épanouissent, s'ouvrent comme des fleurs, pendant que les parents se réjouissent d'avoir des responsabilités, des tâches, et qu'ils ont l'impression réelle d'aider les enfants ;
- nos enfants se lèvent le matin avec le sourire, fiers et lumineux, et ils ont hâte d'aller à «leur» école ;
- le milieu scolaire est «vivant» et nos enfants voient leur estime d'eux-mêmes «exploser» ;
- nos enfants retrouvent leur allégresse, leur audace, leur courage et développent leur leadership ;

- l'école a carrément changé la vie de plusieurs enfants, ainsi que celle de leur famille;
- nous avons retrouvé notre place auprès de notre enfant;
- notre enfant a retrouvé sa confiance en lui pour apprendre;
- on ne perd aucun instant de la vie de nos enfants, on a la chance d'être avec eux et de savoir ce qu'ils vivent, jour après jour;
- nous pouvons ainsi lui faire vivre une enfance remplie de douceur et de bonheur: rien ne vaut l'excitation et les étoiles que je vois dans les yeux de mon enfant, jour après jour;
- son enseignante affirme qu'il n'a pas de déficit d'attention. Il a pris confiance en lui. Ses résultats se sont améliorés, son estime personnelle aussi. Son autonomie s'est développée appréciablement;
- après deux semaines, son enseignante nous parle de notre enfant, de ses croyances et de ses inspirations. C'est quand même épatant!;
- chaque enfant est considéré comme un être unique;
- notre école est un milieu sécurisant et agréable à fréquenter; elle inspire les enfants à apprendre et apprend aux enfants à s'intéresser;
- notre école est assez flexible pour laisser le plus de place possible aux initiatives;
- l'environnement scolaire est en continuité avec les valeurs prônées à la maison;
- l'école est un cadeau inestimable pour nos enfants; tous les adultes sont motivés et motivants, ce qui crée des apprentissages et un développement social étonnants;
- les enfants sont ouverts sur le monde; les parents et les enseignants contribuent au développement des compétences de nombreux enfants et de leur confiance en eux, mais aussi à l'avenir d'une société future composée d'individus aux forces multiples.

Ma chère Jacynthe, tu peux être fière de ce que tu as réalisé avec l'école des Cheminots! Combien de belles personnes tu as fait ressusciter, qui n'attendaient qu'une impulsion de

vie pour réaliser qu'il y avait un espoir pour leurs enfants et
pour eux. Bravo !

Pierre Chenier,
président du Réseau des écoles alternatives du Québec

Apprendre bien plus, apprendre les outils pour réussir sa vie

À l'alternatif, le programme est le même qu'à l'école traditionnelle, c'est la façon de l'enseigner qui est différente. L'enfant de l'école alternative fait des choix selon ses intérêts, son rythme, ses besoins. Si un matin il a envie de découvrir les planètes, il pourra le faire, même si cette matière est prévue au programme d'enfants plus vieux ou plus jeunes. Bien que certaines limites s'imposent tout de même, le cadre demeure plutôt vaste. Le titulaire de classe connaît l'ensemble du programme éducatif et s'adapte aux apprentissages de ses élèves. L'enfant voit les matières de base, telles que le français et les mathématiques, mais avec l'aide d'outils amusants parmi lesquels il peut choisir. Par exemple, les enfants peuvent revoir l'orthographe des mots appris en se lançant la balle ou apprendre à compter en dessinant. J'adore les voir lire à leur retour en classe, après la récréation. De façon autonome, chacun se choisit un livre et une place, par terre ou sur le sofa, blotti contre un ami, puis ils lisent, tout simplement, ou aident celui qui a plus de difficulté. Je suis émue à chaque fois. C'est pourtant si simple, mais que c'est beau !

En ne forçant pas les choses, elles se font naturellement. Si on désire que les enfants apprennent et se découvrent, ils doivent d'abord être intéressés. De plus, les classes regroupent des enfants d'âges différents, ce qui permet aux plus jeunes d'imiter, avec bonheur, les plus vieux, et à ces derniers, d'enseigner, avec entraide et fierté, aux plus jeunes. Pensons-y : la ségrégation par groupes d'âge se fait uniquement dans le milieu scolaire, nulle part ailleurs on ne rencontre une telle homogénéité. Les familles ne sont pas comme ça, rien dans la vie ne l'est. C'est de toute beauté de voir un enfant de neuf ou dix ans aider un plus petit que lui. D'autre part, je conçois mal qu'un enseignant puisse apprendre à toute une classe à lire au même rythme.

Ainsi, plutôt que de viser l'uniformisation, l'école alternative mise sur les différences et les expériences de vie des enfants pour enrichir tout le groupe. Lorsque je suis partie en tournage à Cuba, j'ai emmené mon fils aîné avec moi. Nous partions seulement quelques jours après la rentrée scolaire. Tel un réflexe d'aller puiser la beauté et l'apprentissage dans chaque nouvelle situation, sa professeure a eu la merveilleuse idée d'utiliser le voyage comme enseignement, et ce, tant pour lui que pour ses amis. Elle lui a alors demandé de réaliser un photoreportage à partir de ce que les autres élèves souhaitaient qu'il photographie là-bas. Louis a pris son travail avec beaucoup de sérieux ; je ne pouvais pratiquement pas toucher à l'appareil photo, devenu sien. Il désirait même partir sans nous, avec l'équipe de tournage, à la recherche d'endroits… et de trésors. À son retour à l'école, il a fait un exposé oral de quarante minutes sur Cuba… à l'âge de six ans ! Un photoreportage vu par lui et dans ses mots. J'étais en classe avec son frère pour profiter de ce merveilleux moment. Il a enrichi tous les membres de sa classe, qui rapportèrent avec passion leurs nouveaux savoirs à leurs parents, le soir venu. Le lendemain, mon fils souhaitait déjà faire d'autres exposés.

À l'école traditionnelle, les enfants qui présentent des différences sont souvent étiquetés «à problèmes». À l'école alternative, on tente plutôt de faire ressortir le positif de chaque situation. Par exemple, un jour, j'animais un atelier de sport pour une douzaine d'enfants (un après-midi par semaine, les parents s'occupent des enfants pour permettre aux enseignants de se questionner, de revoir la matière enseignée, planifier et faire de la recherche). Ils étaient plutôt turbulents et je m'époumonais parce que je n'arrivais plus à me faire écouter d'eux. J'ai donc pris le plus «énergique» du groupe, lui ai donné un sifflet et lui ai demandé d'animer l'atelier à ma place. Il fut fantastique! Cet enfant-là est un leader: il a été très créatif dans son animation et a réussi, beaucoup mieux que moi, à se faire respecter des autres. J'ai alors vu sous mes yeux la chenille se transformer en papillon. J'ai également vu l'enseignante de mon fils prendre une dizaine de minutes chaque jour avec un autre petit garçon plus «agité» pour qu'il écrive à ses parents le déroulement de sa journée, avec ses bons coups, sous le réconfort de sa sœur aînée, que l'éducatrice était allée chercher dans sa classe. Au fil des mois, ce garçon s'est calmé et s'est fait admettre parmi les autres élèves; ils l'ont même pris sous leurs ailes. Je trouve ces attentions profondément touchantes. Il m'arrive souvent, lorsque je me trouve dans cette merveilleuse école, d'être très émue lorsque je remarque les parents présents, les enfants heureux, et surtout, lorsque je m'aperçois que les plus turbulents (qu'on aurait, ailleurs, probablement isolés) sont remplis d'estime, ici, parce que les éducateurs en place (autant les enseignants que les parents) prennent le temps d'échanger avec eux, de miser sur leur réussite et de leur confier des tâches, ce qui les fait remarquablement grandir.

Laissons les enfants être des enfants

Pour une majorité d'entre nous, notre éducation nous a enseigné qu'apprendre devait faire mal, que nous devions souffrir pour mériter. Mais tout cela est faux; on apprend bien mieux en s'amusant. Ce que je souhaite depuis le début de l'aventure de cette nouvelle école, c'est que l'on respecte les besoins de l'enfant: ses besoins de découvrir, de jouer, d'explorer et de rire. On ne peut pas demander à un enfant de six ans d'être un adulte. Un enfant doit être enfant avant d'être adulte. Je veux que mon enfant soit enfant, je n'ai pas envie qu'il performe. C'est insensé! De toute manière, pour performer, l'enfant doit d'abord être bien. J'ai moi-même cherché à performer dans le passé. J'ai fait un baccalauréat international en sciences pures et j'avais d'excellentes notes en mathématiques et en physique (moins en chimie!). Je n'avais pourtant aucun intérêt pour ces matières. Par la suite, je n'ai jamais su tirer profit de ces performances ni utiliser le fruit de toutes ces connaissances acquises. Je ne savais pas qui j'étais ni ce que je voulais dans la vie. De plus, j'ai tout oublié ce que j'ai appris ! À l'époque, pour exceller, je retenais toute la matière par cœur. En fait, je ne comprenais pas réellement ce que j'étudiais, je ne faisais que répéter les formules et les mots appris dans mes livres. C'est à peine, aujourd'hui, si mes années scolaires m'offrent une perspective quelconque. J'en garde quand même des souvenirs heureux ! Ce qui fait la beauté d'une école alternative, c'est qu'on y apprend par l'expérience, pas seulement par l'académique. On apprend aussi à s'exprimer, à être avec les autres et à devenir autonome. Par ailleurs, « si on veut développer l'autonomie des jeunes, il faut évidemment reconnaître et respecter cette autonomie. Et respecter l'autonomie de l'autre, c'est accepter de perdre du pouvoir sur lui. C'est ce qui fait peur à tellement d'adultes, surtout en milieu scolaire », déclare Charles E. Caouette[16].

Un enfant devrait être capable de s'amuser dans la nature avec un simple bout de bois et des roches. De nos jours, ils sont tellement organisés qu'ils n'ont plus d'espace pour penser, choisir, imaginer et créer.

Laissons les enfants être, simplement, et ne mettons pas tout le poids de nos erreurs sur leurs frêles épaules. Nous leur en demandons beaucoup trop. Ils doivent avoir une vie : une vie d'enfant, d'abord, puis plus tard, une vie d'adolescent. Je pense aussi à tous ces accompagnements parascolaires : aide aux devoirs, camps d'été, accompagnement pour les examens, école du samedi... Arrêtons, donnons-leur une pause ! L'école de la vie est tellement plus importante que tout cela. Explorer la maison et le jardin, jouer, tisser des liens, respirer, se retrouver, s'interroger, c'est ce qui est

---

16   *Ibid.*

vraiment important. Les jeunes doivent pouvoir profiter d'un peu de temps pour n'avoir rien à faire, relaxer; ne pas toujours avoir des activités organisées, c'est trop. Ils fréquentent l'école à plein temps, font des devoirs ou suivent d'autres cours en soirée et les fins de semaine, accomplissent les tâches ménagères avec leurs parents et suivent encore d'autres cours. Ils n'ont alors plus de moments pour eux. On ne peut pas en exiger autant. Laissons-les être, naturellement. Arrêtons de les «caser» dans notre horaire, de leur préparer des semaines où ils ne savent plus quoi faire s'ils n'ont rien de préparé à l'avance. Un enfant devrait être capable de s'amuser dans la nature avec un simple bout de bois et des roches. De nos jours, ils sont tellement organisés qu'ils n'ont plus d'espace pour penser, choisir, imaginer et créer. On les régit, on les étouffe, on les contrôle. Laissons-les vivre; laissons-les respirer. Dans le silence aussi, parfois; et avec eux-mêmes. Étourdis par ce train de vie d'adultes performants, eux non plus ne s'entendent plus.

Je suis heureuse lorsque nous vivons en dehors de cette folie, que mon fils joue pendant des heures dans la cour, ou encore qu'il prend une feuille et un crayon pour s'inventer des histoires. Il joue à l'auteur et propose des contes surprenants. Il fait aussi du karaté parce qu'il veut faire comme mon chum et nous croyons que cette activité favorise sa confiance en lui. J'aime bien avoir une certaine rigueur quelque part, puisqu'il a tellement de liberté ailleurs. Nous avons réussi à établir un bel équilibre. Il faut cesser cette folie, notre folie de vouloir tout contrôler et tout gérer: leur horaire, leur vie, et ce, du matin au soir, même les fins de semaine. À trop se faire contrôler de la sorte, l'enfant éprouvera le besoin de reprendre le contrôle de sa propre vie, et ce ne sera pas nécessairement de façon saine qu'il le fera, puisqu'il n'en aura pas eu d'exemple. On ignore encore ce que deviendront ces enfants qui passent tout leur temps à l'école, ensuite au service de garde ou à la garderie, et durant l'été, dans les camps. Ils n'ont plus de vie à eux; ils étouffent sous l'absence de moments de liberté. Ça ne peut pas fonctionner ainsi. Les enfants ont besoin de bouger, d'imaginer et de respirer.

Pourquoi alors voit-on des enfants de plus en plus agressifs envers les autres dès la petite école ? Ils sont débalancés. Dans quelques années, nous serons à même de constater ce qu'ils seront devenus.

Je ne prétends pas que l'école alternative est la seule et unique solution à tous ces maux ni qu'elle représente un idéal pour tous les parents et pour tous les enfants. Elle propose cependant de belles idées. Peu importe notre position par rapport à celle-ci, je crois qu'un enfant a besoin d'avoir du temps pour lui, pour se retrouver, jouer à l'extérieur, être avec ses amis, se raconter des histoires, être créatif et être enfant. Chaque enfant est différent et mérite qu'on le suive et le respecte dans sa différence. Chacun d'eux doit nous dire qui il est, ce dont il a envie, ce dont il a besoin, et nous, adultes, devons être à l'écoute de ces besoins et désirs.

Rappelons-nous également que tous les intérêts sont valables, qu'il n'existe pas de métiers plus importants que d'autres. Ce qui compte, c'est qu'il soit bien choisi et aimé. L'essentiel n'est-il pas que nos enfants soient heureux dans ce qu'ils font ? Tout ce que je désire, c'est que mes enfants se découvrent, découvrent ce qu'ils aiment et qu'ils se sentent bien dans leur peau. Je souhaitais que Louis conserve l'étincelle dans ses yeux et qu'il demeure un enfant pendant toute son enfance (c'est réussi). Je ne voulais pas qu'il performe et pourtant, il apprend à une vitesse incroyable, tout en m'affirmant qu'il ne fait que jouer. Dès ses sept ans, il a dévoré quatre livres imposants pour son âge en une semaine seulement, ses progrès en lecture et en écriture furent impressionnants. Et que dire de la façon dont il s'exprime devant ses amis et avec les plus grands, combien il est responsable et autonome, et surtout, comme il a le dos bien droit lorsqu'il entre à l'école, malgré une maternelle catastrophique.

L'éducation est importante, elle nourrit l'enfant et l'aide à devenir ce qu'il est. Bien véhiculée, elle donne le goût d'apprendre, d'explorer, de découvrir, et valorise de belles relations saines et enrichissantes. Mon école de rêve, pour mes fils, c'est tout cela.

CHAPITRE 5
FÉMINITÉ, VIRILITÉ

Merci, mon amour, de me faire rire (et de le faire pour nous détendre lorsque le temps est bousculé), de toujours veiller à ce que nous soyons cohérents avec notre philosophie de vie, de revoir notre couple dans tes pensées pour nous garder dans la tendresse et la passion, dans le respect et la confiance, dans l'harmonie et l'épanouissement. Merci de toujours me ramener à la vérité. Merci de me dire en pleine nuit, lorsque je prends soin de notre bébé, que je suis belle, la meilleure et que tu m'aimes. Tu es mon partenaire de tout, pour toujours.

Nos malheurs assombrissent parfois la vie de nos enfants, tandis que nos bonheurs contribuent à les rendre heureux. Il est peut-être parfois plus coûteux pour leur équilibre de poursuivre une relation difficile que d'y mettre fin. Lorsque les enfants, de véritables éponges, sont témoins de nos querelles, ils absorbent tout le négatif qui en découle. Par exemple, quand Louis avait deux ans, j'ai eu soudainement une surcharge de responsabilités à la suite d'un coup de fil m'annonçant une mauvaise nouvelle. Je me souviens alors de m'être effondrée dans la cuisine ; mon fils, à mes côtés, a fait, dans les instants qui ont suivi, 40 °C de fièvre. La cause de cette hausse soudaine de température était uniquement reliée à moi.

Une séparation est rarement facile à vivre, mais il faut penser au bien-être des enfants. En ce sens, cette image que me décrivait un jour un collègue me semble très pertinente : les enfants sont comme les passagers d'un avion ; lorsque deux pilotes se chicanent dans le cockpit, les passagers ne se sentent pas en sécurité.

Quand vient le moment d'un changement, il faut bien sûr penser à eux, mais il faut également penser à soi-même, en tant que personne. La satisfaction d'être en couple diminue grandement si l'on reste avec son conjoint pour les mauvaises raisons. Trop de gens n'ont plus envie d'être avec leur partenaire, mais restent avec elle ou lui malgré tout. Plusieurs craignent les conséquences émotives ou financières, ou de mal paraître advenant une séparation. Pour certains, l'« apparence » est si importante qu'ils croient, à tort, que de ne pas se séparer est un gage de réussite. Alors qu'être en couple sans être amoureux, tout comme être mère sans épouser la maternité, c'est passer complètement à côté de ce que cela devrait être.

Une fois de plus, il vaut mieux tenter de s'écouter et de se recentrer sur son intuition. À l'époque, plusieurs personnes m'ont découragée de me séparer. Ils prétendaient aussi que puisque j'étais mère d'un enfant, il me serait plus difficile de rencontrer un nouveau partenaire. Et pourtant j'ai trouvé *la* personne… et sans jamais forcer quoi que ce soit. Il s'est même présenté à ma porte, littéralement.

Il suffit simplement de faire confiance à la vie. D'abord et avant tout, protéger et veiller sur son bien-être et celui de ses enfants. Je n'aurais jamais négligé mon fils pour faire place à l'amour. Tout s'est déroulé dans le respect. Pour commencer, j'ai mis fin à ce qui n'allait pas dans ma vie amoureuse. Puis j'ai fait tout ce qui était en mon pouvoir pour que mon fils et moi soyons heureux. Éventuellement, l'amour a cogné à ma porte et dès le départ, tout a été clair avec mon nouvel amoureux : il savait que j'étais maman et que j'en étais une très investie auprès de mon enfant, et il a trouvé cela beau (il me le répète d'ailleurs encore aujourd'hui). Puis nous avons attendu plusieurs mois avant qu'il rencontre Louis ; au moment venu, je ne les ai pas imposés l'un à l'autre pour autant. Je me souviens même d'avoir dit à mon garçon de deux ans que j'avais un ami et qu'il n'était pas obligé de l'aimer. Pas plus que je ne voulais imposer des responsabilités à ce dernier. Avec le temps, c'est lui-même qui a fait le choix de s'impliquer auprès de mon fils. Tous les deux se sont graduellement apprivoisés et aujourd'hui, ils s'aiment d'un amour puissant et merveilleux, sans que j'aie eu à intervenir. Ils se sont choisis l'un et l'autre.

Je ne suis toutefois pas en mesure de dévoiler de secrets pour atteindre une plénitude qui s'intensifie avec le temps puisque chaque couple est différent. Je peux cependant affirmer que je vis cette harmonie précieuse avec mon partenaire et suis, plus que jamais, attirée par lui. Cela me laisse donc croire que nous avons trouvé une formule qui fonctionne bien pour nous deux. Je parlerais d'un modèle différent de relation amoureuse : un modèle qui nous réussit bien et qui contribue à rendre nos enfants heureux.

Retour aux rôles traditionnels

Mon homme est un homme «homme», et moi, je suis une femme «femme». J'aime vivre de manière traditionnelle, cela me fait du bien. Entre nous, la combinaison semble parfaite. Je suis bien installée dans ma vie ; je me sens en parfaite harmonie dans mon couple, à ma place. À chaque instant de la journée, mes actions vont dans le même sens que ma philosophie d'être. Tout coule, rien n'est conflictuel.

J'apprécie ce que les féministes ont fait pour nous, les femmes. Elles ont ouvert les chemins pour nous offrir un statut nécessaire à notre évolution et pour vivre dans l'égalité avec les hommes. J'embrasse cette liberté gagnée tout en affectionnant ce que la femme a toujours été et en désirant qu'un homme reste homme.

À travers tout ce chambardement social que nous, les femmes, avons provoqué, plusieurs hommes cherchent désormais leur place. Nous sommes responsables de ce qu'ils sont devenus. Nous leur donnons la vie, nous les maternons, nous les éduquons (l'école est un univers principalement féminin) et à défaut d'être féminines, ouvertes, vulnérables et abandonnées dans leurs bras, nous les « castrons », contrôlantes que nous sommes, dès que l'on se retrouve en couple... et après, nous nous plaignons.

J'aime tellement que mon homme soit « homme », cela est si rare de nos jours. Et oui, j'aime remplir mon rôle de femme « femme ». Qu'y a-t-il de mal à cela ? Est-ce que je me rabaisse pour autant ? Pas du tout, je suis libre de le faire (c'est peut-être ce qui fait la différence). Cela me fait plaisir et me valorise. Lorsque la maison est accueillante, que je prends soin de ma famille et que je la nourris, je me sens profondément heureuse et comblée. Aujourd'hui, nous ne sommes plus limitées à prendre soin de la chaumière, mais nous pouvons *aussi* nous émanciper à le faire (j'adore être la reine de mon foyer). Qu'y a-t-il d'inconfortable à remplir les rôles dans lesquels nous vivons depuis des centaines d'années ? Pour ma part, je trouve rassurant de rouler ma pâte à tarte ; ce simple geste m'ancre dans ce que je suis. Quel beau retour à la vie !

J'aime plaire, j'aime séduire et j'aime me sentir femme dans les bras de mon homme protecteur et rassurant. Et comme mon homme est viril, il est bien dans sa peau et moi, dans la mienne. Je me sens à ma place et lui, à la sienne. Je n'ai pas à me réinventer ou à épouser certains « rôles d'homme ». Je vois des femmes, parfois, qui détruisent leur partenaire et doivent alors remplir ces « rôles masculins », parce que leur homme a désormais l'échine pliée. Veut-on à ce point avoir des femmes « hommes » et des hommes « femmes » ? Le « mien » ne tiendra pas mon sac à main et ne me suivra pas dans les boutiques sans rien dire, avec un air piteux. Je vous avouerais même que je ne veux pas l'embêter davantage avec ce type de choses, je fais donc ses achats pour lui avec plaisir! Dans «notre livre à nous», il est également interdit qu'un homme se préoccupe de la mode autrement qu'en complimentant sa femme; cela ne l'empêche pas d'être fier et d'aimer porter de beaux vêtements pour autant, mais pour lui, la coquetterie appartient à la femme. Jamais il ne fera de 360° pour me montrer comment lui va son nouveau jean, ni ne portera des chaussures dernier cri, ni ne s'occupera religieusement de son look. Cela n'arrivera pas.

À chacun son rôle: je sors rarement les poubelles et s'il y a des bruits inquiétants la nuit, je ne m'interroge nullement sur ma responsabilité dans une telle situation… Dans le même ordre d'idée, je ne demanderais pas à mon amoureux de se lever la nuit pour nourrir notre bébé, car cela est, pour moi, contre nature et contre *ma* nature. De fait, celle-ci n'a pas pourvu l'homme des caractéristiques nécessaires pour remplir ce devoir; cela me semble assez clair. Je crois que nous sommes plus en mesure de remplir cette fonction et nous avons aussi été habituées à le faire (depuis des milliers d'années, les mères allaitent leur bébé et se lèvent la nuit), pas eux (jusqu'à ce que les biberons et la révolution arrivent!). Pas mon homme. Et pourquoi devrait-il se lever aussi, puisque je dois déjà le faire? On se facilite mutuellement la vie: je dors avec mon bébé, alors que lui récupère. Il n'est pas un père absent pour autant, au contraire! Il privilégie tous ses moments avec notre bébé: le contact peau à peau, le jeu et la complicité. Il emmène souvent aussi avec lui l'aîné: nous essayons qu'il se sente le moins délaissé possible depuis l'arrivée de son petit frère. En plus, mon amoureux me laisse «rajeunir» le matin (lorsque j'ai ce temps pour relaxer profondément), en jouant avec les enfants. Cet «arrangement» le rend heureux, il se sent respecté, et alors, il m'en redonne, fois dix. Cela me valorise et me rend totalement heureuse.

La *superwoman,* c'est de la folie!

Je crois que dans notre attitude, nous, les femmes, allons trop loin. Il reste beaucoup à «gagner» et le chemin ouvert par les féministes doit se poursuivre, mais pas l'aliénation qui en découle: une porte a été ouverte de peine et de misère il y a de cela cinquante ans, les demandes étaient mesurées et espérées, mais aujourd'hui, c'est comme si les femmes défonçaient ce passage en se bousculant, sans savoir après quoi elles courent, en voulant tout arracher et tout porter sur leurs épaules. La vie est devenue beaucoup trop exigeante pour les femmes de ma génération. Je le répète, je suis reconnaissante pour tous les ajustements équitables que nous avons obtenus, cela était essentiel, mais ce qui est véhiculé de nos jours est excessif. Nous en avons beaucoup trop sur les bras. Trop de femmes sont stressées et vivent avec un horaire surchargé. Moi, qui étais très zen avec mon premier enfant, je suis surprise lorsqu'il me dit, depuis la naissance de son frère, d'arrêter de «crier». J'arrête alors tout. J'ai généré seule ce tourbillon, cette folie, j'y mets fin et je le remercie de me l'avoir fait remarquer.

Nous ne pouvons pas imposer aux autres ce que nous sommes. Si nous voulons vivre cette folie-là, nous ne pouvons l'imposer ni à notre partenaire ni à nos enfants. Il faut absolument prendre du temps pour s'arrêter, se regarder aller et relativiser. Qu'est-ce qui est important? (Pour ma part, j'aime bien ne pas trop prendre au sérieux tout ce qui est extérieur à mon bien-être et à celui de ma famille.)

Il faut laisser notre homme être, le laisser vivre et le laisser respirer; comme nos enfants, d'ailleurs. Les femmes modernes sont si étouffantes! Lorsqu'on veut tout contrôler, on fixe des limites à tout et pour tout; ainsi, la vie ne peut pas suivre son cours, la magie ne peut pas opérer. Les femmes (les hommes aussi) courent après des buts et des réalisations au lieu d'être ici, dans le présent, alors qu'à mon avis, le luxe suprême, de nos jours, est d'avoir du temps. En s'agitant ainsi comme des poules sans tête, peut-être passe-t-on à côté du véritable bonheur, ce bonheur d'apprécier ce que nous avons et d'être avec ceux que nous aimons.

Qui êtes-vous ?

Femme qui court :	Femme qui « est » :
performante (veut être)	ouverte et présente
« castrante »	laisse « être » son homme et ses enfants
contrôlante	détendue dans une vie libre où tout peut arriver
court après des buts et des réalisations	retrouve le bonheur dans tout
planificatrice	suit sa petite voix intérieure et les signes de la vie
veut être la meilleure	bien dans sa peau, souriante, positive (donc reste jeune et en santé)
infantilise son homme	se retrouve femme dans les bras de son homme

Plutôt que de se détendre, on court à droite et à gauche, on planifie et on dirige. Puis à tout contrôler de cette façon, on contraint et on infantilise. Lorsqu'on se retrouve dans cette course folle, on ne peut pas respirer le bonheur. On ne peut pas, sans répit, vouloir essayer de tout gérer et tout contrôler. L'entourage peut bien étouffer ! Rien n'est aussi « anti-santé » : c'est stressant, ça fait vieillir, ça éloigne du bonheur, de la vie et de la petite voix intérieure que l'on devrait écouter. On veut organiser sa vie à l'avance, au lieu de la suivre, naturellement. Nous, les femmes, devons nous arrêter et prendre le temps ; pour notre bien, pour nous. Il ne s'agit pas de retourner en arrière, mais plutôt de retourner à ce que nous sommes et vivre paisiblement. La pression sociale est aussi beaucoup trop forte. Nous sommes perdues dans cet univers devenu hyperconsommateur et hyper-perfectionniste. Nous nous mettons beaucoup trop de responsabilités sur les épaules. Je ne dis pas aux femmes sur le marché du travail et croulant sous la pression de retourner à la maison. Au contraire, le travail peut être positif et nécessaire, voire créatif et satisfaisant. Ce sont plutôt celles qui ont le choix que j'invite à se questionner, à se demander si elles vivent le parfait bonheur avec leur partenaire, si elles sont profondément heureuses et accomplies, si elles sont bien dans leur situation avec leurs enfants et si leur profession en vaut vraiment la peine.

À vouloir tout avoir et tout faire, on n'a plus rien ; parce que tout avoir, c'est lorsqu'il n'y a rien d'autre.

La valorisation, de l'homme à sa femme

Mon chum me dit que je suis une bonne maman et me fait souvent remarquer tout ce que j'ai réalisé dans ma vie. Dès ses premières paroles envers moi, j'ai pris confiance et je me suis affirmée dans ce que je suis, pour me bâtir et m'émanciper. Chaque jour, il me dit que je suis une mère extraordinaire. Il me le rappelle en pleine nuit, le matin, ou lorsque ça fait dix heures que j'ai mon bébé dans les bras… Je crois que cette reconnaissance est merveilleuse pour la femme et vitale pour la maman. C'est l'encouragement qui nous rend sereine, nous donne l'énergie pour continuer avec le sourire et tout offrir ce que l'on a. Ce sont aussi ces paroles et ces regards qui valorisent notre plus grand rôle, pourtant souvent oublié. Un homme paternel ne craint pas, non plus, de laisser sa femme en symbiose avec leurs enfants ; il y voit plutôt toute la beauté et aime les sentir en sécurité, appelés à s'épanouir et être heureux. De me faire dire par mon amoureux que je suis une mère extraordinaire, c'est le plus beau des cadeaux que je puisse recevoir. Non seulement il m'appuie dans ce que je suis, mais il me fait sentir comme étant la plus belle, la meilleure.

C'est depuis que nous sommes ensemble, lui et moi, tout simplement à cause de ses mots, que je me découvre, prends ma place et m'épanouis comme femme. J'ai découvert mon pouvoir grâce à lui, sous son regard. J'y ai pris mon élan et maintenant, rien ne peut m'arrêter !

Les pères ne doivent pas avoir peur de parler ; on dirait que le papa n'ose rien dire à la maman, comme si le fait qu'il en fasse moins passe ainsi inaperçu. Ce n'est pas parce que mon amoureux me dit que je suis une mère extraordinaire lorsque je me lève la nuit que je vais lui demander d'en faire autant. Certains pères ne disent rien, et ce, même s'ils savent que leur femme est épuisée et qu'elle vit des moments difficiles. Pourtant, un encouragement ou un remerciement change tout.

Comme mère, nous avons notre instinct, notre patience, notre dévouement et notre capacité de supporter une bonne charge de responsabilités. Cette valorisation, de la part de notre amoureux, est toutefois essentielle à notre épanouissement (et à celui de nos enfants) de même qu'à une vie harmonieuse. Se lever le matin et savoir que son conjoint est avec soi, c'est savoir que l'on est supportée. Sentir son réconfort dans les premiers mois de vie du bébé, alors que l'on est fatiguée, est primordial. Je sais pertinemment ce que c'est que de ne pas recevoir cette reconnaissance. Maintenant que je l'ai, cela fait toute la différence dans ce que je suis. Cette valorisation nous rend plus femme, plus aimante et plus belle. Il n'y a que du positif à en tirer.

Valoriser son partenaire lui donne de la valeur. Le contraire est aussi vrai : passer sous silence tout ce que la mère de ses enfants accomplit, c'est un peu la déprécier tout en ne suscitant pas d'admiration. Bref, ce n'est pas constructif. Merci, mon amour, de me donner autant d'importance, du matin au soir, et la nuit aussi.

Libres d'être ensemble

Ce que j'aime de notre couple, c'est que nous sommes ensemble parce que nous le voulons. Voici ce qu'a déjà déclaré mon amoureux à un ami : « Je n'ai pas toujours été un enfant de chœur, mais la fidélité est maintenant à la base de mon couple. Je ferais bien plus de mal à moi qu'à n'importe qui d'autre si je trompais ma blonde. Je me suis créé, on s'est créé, elle et moi, une relation extraordinaire qui est scellée d'une manière particulière dans le respect. Si je brisais ce lien, je ne pourrais jamais retrouver ce que nous avons présentement. Je perdrais le privilège de vivre dans une relation que je vénère, mais qui est fragile. Une fois le lien brisé, ça ne peut se réparer. Il pourrait être possible de retrouver une belle relation et de s'aimer encore, mais pas de vibrer au même niveau. »

Nous avons chacun nos endroits, nos univers, et nous ne partageons pas de compte conjoint. Nous sommes tous les deux autonomes et cela est merveilleux d'avoir une telle liberté. Pour nous, c'est une bonne « recette ». Nous nous respectons l'un l'autre, nous respectons le fait que chacun ait ses propres besoins, et la priorité est à l'épanouissement mutuel. Mon homme a son sanctuaire où se retrouver et j'ai le mien à décorer. C'est important, autant pour l'un que pour l'autre, de pouvoir profiter de son intimité dans un lieu où l'on peut se ressourcer et s'épanouir. Je crois que c'est une caractéristique tout à fait féminine de préparer la maison et de veiller à ce qu'elle soit chaleureuse et accueillante. De son côté, l'homme peut avoir besoin d'un lieu à lui où se réfugier. Mon amoureux peut donc claquer la porte si l'on ne s'entend pas sur tel ou tel sujet. La dernière chose que je souhaiterais, c'est qu'il se sente étouffé ou emprisonné. Mais je n'étais pas du tout comme ça avant. Aujourd'hui, tout coule, on voit les choses de la même façon et on ne s'insécurise pas ; on est libres d'être, et ce, encore plus, même, depuis l'arrivée de notre bébé. On ne s'est jamais autant aimés, autant désirés. Je ne veux rien contrôler, mais je fais tout ce que je peux pour que mes trois hommes soient heureux.

Chaque couple doit trouver son propre équilibre

J'ai déjà été malheureuse en couple : pas avec la bonne personne et pas bien dans ma peau… Quel bonheur, maintenant, d'être ailleurs, en harmonie, de se laisser vivre et d'avoir une si belle famille ! De désirer et d'être désirée. D'être en confiance. Tout s'accorde. Je suis femme épanouie dans les bras de mon homme. Je nous sens protégés, mes enfants et moi. Je suis aussi maman à temps plein et infiniment confortable dans cette situation. Nos garçons sont heureux, c'est d'ailleurs la première chose que l'on dit en les voyant. On se laisse être, on se respecte ; il est libre et je suis libre à l'intérieur des limites qui nous conviennent. Je suis où je suis, sans rien forcer, et cela est merveilleux : la vie rêvée avec la personne rêvée. Cela est possible pour tout le monde. Comme le poète persan Djalal Al-dîn Rûmi le dit si bien : « Ta tâche n'est pas de chercher l'amour, mais simplement de chercher et trouver tous les obstacles que tu as construits contre l'amour. » L'autre a toujours été là pour nous, nous, nous n'étions pas encore là.

> **Je suis où je suis, sans rien forcer, et cela est merveilleux : la vie rêvée avec la personne rêvée.**

Lorsqu'on est bien dans son couple

Quand on aime, ça paraît. L'harmonie à deux ne nécessite plus de jeux pour tester l'autre. La confiance règne et on peut enfin s'abandonner complètement et savourer cette absence de questions. Le ressenti est merveilleux. Le désir s'intensifie avec le temps. La volonté de prolonger les moments ensemble est partagée dans le sourire, sans rien forcer. Chacun souhaite l'épanouissement de l'autre à l'infini. Le bonheur et la joie de vivre sont palpables. Les pertes d'énergie n'existent plus, elles ont laissé leur place à une tendresse quotidienne, à des regards attentionnés et bienveillants, à un réconfort à portée de bras, à une envie de rire, de se faire du bien, de partager son bonheur. Lorsqu'on se quitte quelque temps, notre amoureux nous accompagne dans nos pensées, dans notre cœur et le retour dans son étreinte n'est que délicieux, rassurant, d'une douceur apaisante.

La petite histoire de mon couple

Un soir, alors que je me remettais de ma séparation, j'ai dressé une liste de caractéristiques que je ne voulais plus chez l'homme qui partagerait ma vie. Je voulais un homme «homme», avec qui je me sentirais protégée. Je ne voulais pas d'un homme que j'allais, moi, prendre en charge et sécuriser. J'avais envie d'un homme avec qui je pourrais être une femme «femme». Un homme dans les bras duquel je pourrais m'abandonner. C'est d'ailleurs la première chose que mon nouvel amoureux m'a permis de faire. Il a créé un espace sécuritaire pour me permettre de me laisser aller complètement; je n'en revenais pas! Quand on demande, on reçoit plus. Il est l'homme de mes rêves depuis que je suis enfant. Je ne pouvais demander tout ce qu'il est, il répond à tout ce que je suis, et toujours plus à chaque jour. Je savais tellement profondément qu'il était bon dès nos premiers moments que je ne m'en faisais avec rien. De son côté, il cherchait sa perle rare. Il voulait vivre une relation qui allait durer pour toujours.

Dans ma quête d'harmonie à deux, c'est la naissance de mon premier fils qui m'a libérée de l'insécurité. Pour la première fois, du moment où je l'ai porté, je me suis sentie complète, comblée. Dans mon parcours de vie, j'étais donc rendue à vivre une relation d'équilibre et de liberté, et c'est elle qui s'est présentée. Mon futur amoureux s'est pointé à ma porte le lendemain de l'écriture de la liste de caractéristiques que je ne voulais plus chez un homme. Une connaissance commune venait me visiter avec lui, mais je n'en avais pas été mise au courant d'abord.

Dès que nous nous sommes serré la main, je n'ai plus voulu le quitter. Sans être foudroyée, je voulais être avec lui, le revoir, sentir son regard sur moi encore et encore. Heureusement, l'envie d'explorer davantage était partagée… Depuis, tout ce que nous vivons ensemble, mon amoureux et moi, est nouveau pour nous deux. C'est merveilleux, nous avons les mêmes objectifs, le même désir de respect. Notre relation est facile et c'est extraordinaire. Plus le temps passe, plus nous nous aimons. Nous en sommes rendus là. J'ai beaucoup plus, aujourd'hui, que ce que j'avais désiré. Ce que je suis en train de vivre, je le découvre chaque jour et je suis parfois incapable de l'exprimer en mots, mais je n'aurais jamais pu commander une telle relation avant, puisque je ne savais même pas que cela pouvait exister.

Nous nous respectons et nous avons une totale confiance l'un en l'autre. Nous ne voulons plus, ni l'un ni l'autre, vivre de stress, d'inquiétude. Nous aimons être fidèles tout en laissant l'autre être libre d'être qui il est. Nous n'avons pas à gérer quoi que ce soit. Je vois tellement de femmes autour de moi qui empêchent leur conjoint de tout et qui essaient de tout contrôler, alors qu'il est si bon, si doux, de ne rien forcer et de se sentir toujours en sécurité. Il n'y a pas de jeux entre nous. Je suis tellement étonnée de voir des couples, même dans la cinquantaine avancée, se comporter comme des adolescents et cultiver la peur, l'inquiétude et la non-considération… Je crois que l'harmonie est possible si le respect est vécu sans faille, si on respire profondément dans la même totale confiance en l'autre. Mon partenaire et moi connaissons nos limites et tout se fait naturellement. Quel bonheur! Je suis si bien avec mes enfants, avec mon amoureux et avec qui je suis.

Je cherchais quelqu'un dans les bras de qui je pourrais me laisser aller. À bas toutes ces histoires de contrôle, de stress, je n'en voulais plus! Lorsque nous nous sommes rencontrés, je traversais une période difficile. J'avais de grosses batailles à livrer et j'en avais assez. Pour une fois dans ma vie, je rêvais d'abandon. Je critique les femmes d'aujourd'hui, mais j'en suis une, j'en ai été une, une femme homme, une «germaine» et une *superwoman* qui a des horaires rigides où tout est à faire, à gérer, dans une maison impeccable, où tout est parfait… Je n'en pouvais plus de tout cela, sans même le réaliser. Tout ce que je savais, c'est que j'avais besoin de me retrouver indéfiniment détendue, fragile et vulnérable dans les bras d'un protecteur.

Un homme «homme» ne craint pas d'être tendre et romantique à la fois. Lorsqu'il est bien dans sa peau et dans sa virilité, il demeure dans son aura de force, il soutient sa femme. Il dit à ses amis qu'elle est extraordinaire. Je suis devenue qui je suis à travers les mots de mon homme, son regard, sa fierté, sa générosité, ses encouragements et son étreinte.

Depuis la première rencontre avec mon amoureux, j'ai juste eu envie de rester avec lui. J'ai bien dû demander à mes invités, dont il faisait alors partie, ce premier dimanche, au moins à cinq reprises de revenir déjeuner la semaine suivante. Ce qu'ils ont d'ailleurs fait : il est arrivé plus tôt que prévu, il m'a complimentée et j'ai littéralement fondu… Le soir même je l'ai rappelé et nous ne nous sommes plus quittés depuis. Les événements se sont ensuite déroulés naturellement et surtout, en prenant le temps de nous apprivoiser.

Je ne souhaitais pas commencer cette relation de la même manière que je l'avais toujours fait : tout feu tout flamme. J'avais plutôt envie d'y aller petit à petit. Je désirais déjà autre chose. Aussi, mon fils Louis avait alors deux ans et mon amoureux en devenir a tout de suite compris combien il était important pour moi. Il a d'ailleurs été séduit par ma façon d'être mère. Plus tard, pour notre fils, il me demandera de faire comme avec le premier.

Voici d'ailleurs ce qu'il a écrit à ce sujet pour ce livre :

J'ai un plaisir extraordinaire à découvrir ma blonde, ma femme, être une maman merveilleuse. Il y a un phénomène d'admiration qui s'établit, et ce sentiment est tellement puissant. C'est incroyable tout ce que j'entends : les gens font des enfants et ça ne semble pas plus important que de changer de restaurant. Un enfant est un cadeau qu'on se fait, mais qui vient avec une responsabilité certaine. Lorsqu'on devient parent, on apprend aussi à connaître davantage notre partenaire. Je n'avais jamais pensé à cet aspect-là qui est énorme. J'ai découvert, entre autres, une sensibilité chez ma compagne que je n'avais pas eu l'occasion de voir avant. Un intérêt additionnel se crée. Je pense réellement que de voir ma blonde être une mère extraordinaire amplifie le respect et l'amour que j'ai pour elle. Traditionnellement, l'être humain cherche à se reproduire pour assurer sa descendance. Et lorsqu'on voit notre femme vivre cette expérience d'une façon sereine et avec bienveillance, on ne peut qu'avoir un élan d'amour supplémentaire et sans cesse renouvelé pour celle qu'on aime. Lorsque j'entends ma femme, la nuit, calmer mon enfant, je réalise à quel point elle est fantastique. Je lui dis souvent comment elle est une mère extraordinaire, et j'aime relater aux gens qui m'entourent à quel point elle est proche de nos enfants. Je partage ce que je trouve beau. Je ne cherche pas l'approbation des autres. J'aime ce qu'elle véhicule et ce qu'elle fait!

Alors qu'on se faisait la cour, nous avons été très respectueux de mon fils. Nous avons attendu plusieurs mois avant qu'ils se présentent l'un à l'autre. Mon amoureux n'a jamais essayé de «l'acheter». Il l'a simplement laissé venir à lui et ne lui a jamais offert de cadeau à cette période, mais il lui a donné de son temps et de l'attention. Aujourd'hui, ce sont les meilleurs amis du monde, les plus grands complices. Ils font du vélo ensemble, jouent au soccer, prennent des marches en forêt de plusieurs heures et se parlent pour vrai. Ils partagent tellement de beaux moments inoubliables qui s'inscrivent dans les souvenirs d'une vie. Je trouve tout cela merveilleux et je n'aurais jamais pu rêver d'autant. Il arrive souvent que mon fils me mette de côté pour être avec lui, ce qui me fait sourire. Je ne suis pas possessive de mes enfants, pourvu qu'ils soient heureux. Si je suis une maman très très très présente pendant leurs premières années de vie, je les laisse être, par la suite, en toute quiétude. Lorsqu'ils sont bébés, c'est surtout moi qui prends soin d'eux. Longtemps, les femmes (à moins de cas vraiment exceptionnels) ont eu la responsabilité des enfants durant cette période. Depuis que le monde est monde, c'est la maman qui nourrit. Mon amoureux ne change pas de couche non plus; c'est tant mieux si des papas le font et c'est correct que mon amoureux ne le fasse pas. Cela ne l'empêche pas d'être ultraprésent, attendri, de jouer avec eux dès qu'il le peut, de s'ennuyer lorsqu'il part, de se coller à leur petite peau et d'en être bouleversé de bonheur...

Lorsque j'étais enceinte de mon deuxième fils, mon amoureux m'a demandé si je préférais qu'il diminue le temps accordé à ses activités après la naissance de notre bébé. Je l'ai tout de suite rassuré, sachant déjà très bien à quel point je serais comblée à la maison avec mes enfants (c'est différent quand je suis seule avec eux, il y a cette harmonie, cette douceur, cette magie qui n'est pas là à quatre; on vit autre chose, de tout aussi beau, mais ce n'est pas pareil). Peu après la naissance, il se faisait souvent demander s'il était fatigué, alors qu'il était, au contraire, très en forme. Il n'a connu aucune nuit où je lui ai demandé de se lever. Pourquoi? Parce que c'est moi qui me réveille, la nuit. Non seulement j'aime le faire, mais j'éprouve le besoin de veiller sur mon bébé, comme si mon corps et mon âme étaient faits pour ça. Je dors avec lui pour que ce soit plus facile pour moi. Et à ceux qui pensent ou disent que cela tue un couple, je vous réponds: bien au contraire! Se pourrait-il que les hommes et les femmes ne soient pas faits pour dormir dans le même lit? Quel bonheur, en tout cas, pour mon amoureux de passer une bonne nuit et pour moi d'être dans ma bulle avec bébé! Que je suis chanceuse de ne pas passer à côté de ces beaux moments! Lorsque mon amoureux vient chercher notre fils, le matin (je dors dans le lit de notre enfant), je me repose quinze minutes et je me dis alors que je récupère totalement.

Dans notre relation, tout coule. Je laisse mon amoureux être et faire. Lui de même. Nous nous aimons encore plus qu'avant et nous nous désirons davantage. Cette vie nous a rapprochés, nous a rendus plus complices, plus heureux et nous l'apprécions chaque jour.

Lorsque nous avons décidé d'avoir un enfant, nous avons attendu de le désirer tous les deux. De mon côté, je ne l'ai pas été avant que mon aîné ait cinq ans. Je l'aime tellement que je ne voulais rien manquer de ses premières années et tout vivre avec lui. Mon amoureux tenait aussi à être dans une forme exceptionnelle afin de donner toutes les chances à notre enfant. Nous nous sommes un jour sentis prêts, nous avions alors adopté des habitudes de vie ultrasaines (alimentation, respiration, sport, yoga, etc.) et mon fils, de son côté, nous demandait un petit frère depuis trois ans. Nous aimons penser que si notre enfant est aussi éveillé, heureux, toujours occupé à tout voir, tout faire, avec une vitalité surprenante, c'est un peu grâce à cette harmonie et cette santé desquelles il est né. Maintenant, je le couve à cent pour cent pour le voir s'épanouir au maximum et c'est vraiment fantastique. Je me trouve bien chanceuse de vivre cette vie.

L'accouchement

L'accouchement... Mon amoureux n'y a pas assisté, mais il était là, dans la pièce juste à côté. Nous en avions discuté : je ne voulais pas qu'il me voie ainsi, il ne voulait pas me voir ainsi non plus. Je me sentais si bien, de toute façon, avec mon autohypnose (j'ai accouché de façon complètement naturelle). Je lui ai même suggéré de profiter de la belle journée. J'étais dans un endroit idéal, seule dans ma chambre, filant le parfait bonheur et vivant pleinement mon accouchement. Il venait me voir régulièrement. Les choses se sont passées rapidement. Je lui ai demandé, à sa dernière visite, de ne plus revenir et de m'envoyer le docteur. Je voulais alors me sentir à l'aise, juste entre filles. À la seconde où notre bébé est arrivé, mon amoureux a bondi à mes côtés et c'est dans ses bras, d'ailleurs, que notre fils a ouvert les yeux. J'étais toute tremblante, je n'arrivais pas à me calmer. Mon amour a donc pris notre fils au creux de ses bras rassurants, le temps que je reprenne mes sens. Je lui ai proposé d'enlever son chandail afin que notre fils sente la chaleur de la peau de son papa. Bébé s'est immédiatement calmé et a ouvert ses yeux à ce moment-là. Accoucher sans médication (merci à ma programmation neurolinguistique qui a tenu le coup presque jusqu'à la fin!) a certainement de bons côtés. Notre corps récupère ultrarapidement et notre enfant est vif et alerte. Je suis très heureuse du déroulement harmonieux de cet événement.

La naissance de mon premier fils a aussi été merveilleuse : il est arrivé sans pleurer, en me regardant, puis a posé sa petite main sur moi, toujours en me regardant. Quelle belle expérience ! Dans l'univers si doux de cet hôpital « ami des bébés », entourée de femmes compréhensives, patientes, si aimantes des nouveau-nés ; quels bons conseils j'ai reçus et quel beau départ pour nos vies de parents avec nos enfants nous y avons vécu ! Je ne voulais plus en repartir ! Selon moi, l'établissement où nous sommes suivies pendant notre grossesse et où nous accouchons joue un rôle majeur dans notre vie familiale. J'ai personnellement été comblée par le mien et par son personnel. Ensemble, ils m'ont dirigée dans une voie merveilleuse de la maternité.

Les trop-pleins

Toutes les fois où j'ai voulu « faire sentir » mon mécontentement à mon amoureux au lieu de lui en parler, cela a toujours mal tourné. Il est tout à fait normal que deux êtres différents ne vivant pas les mêmes choses au même moment ne soient pas toujours sur la même longueur d'onde. Ce que j'aime, lorsque nous avons une dispute, c'est la liberté qu'il a de partir. Moi, je demeure à la maison, tout à fait rassurée, calme et en confiance. Je ne m'en suis jamais inquiétée, et c'est vraiment bon de ne pas s'en faire. S'il y a un trop-plein, je ne le prends pas personnel. Les enfants aussi vivent des trop-pleins à l'occasion. Quand cela m'arrive, je m'arrête et j'essaie de dédramatiser la situation. Pour moi, une bonne façon de le faire est de me détacher et d'observer la scène « d'en haut ». Il ne faut pas prendre les choses trop au sérieux. Je sais parfaitement que la vie n'est pas toujours facile. Comme la plupart d'entre nous, j'ai aussi vécu des périodes plus difficiles et je ne voyais aucune porte de sortie. Dans une telle situation, il faut simplement prendre les choses une à la fois et se rebrancher sur ce qui nous fait du bien, sur ce que nous souhaitons, sur nos rêves et sur les solutions.

Se détacher du moment présent, prendre du recul, est tellement sain. En pleine crise de larmes, on peut se regarder et se parler… et même finir par trouver la situation drôle. Je crois que l'un des trucs pour vivre le bonheur, avec l'appréciation de ce qui nous entoure, c'est d'être « là » : prendre le temps de s'arrêter au lieu de toujours courir. Courir, courir, courir, pour on ne sait où ! Le bonheur, c'est aussi être capable de rire de soi. C'est trouver ce qui nous rend heureux et se brancher là-dessus.

Nos rôles !

Mon chum peut jouer longtemps au soccer, pas moi. L'homme et la femme ont leurs forces respectives. Il existe une multitude d'exceptions, mais les hommes n'accouchent pas encore et généralement, ces derniers possèdent un certain avantage sur le plan de la force physique.

Respectons notre instinct, ce que nous sommes, ce que nous avons toujours été. Nos gènes n'ont pas pu changer à ce point en cinquante ans ! Au lieu de suivre à la lettre les recommandations de soi-disant spécialistes dans des livres ou simplement ce que les autres nous dictent, posons-nous des questions. D'ailleurs, faites-le également sur ce que vous lisez en ce moment ; faites-le tout le temps. Certains s'interrogent davantage sur le choix d'un soulier de sport que sur des questions majeures concernant les enfants. Les hommes et les femmes ont des rôles différents à jouer.

J'entends ces histoires d'hommes qui se lèvent la nuit, épuisés, et ramènent leur enfant à la mère qui doit l'allaiter. Pour moi, cela n'a pas de bon sens. Pourtant, certaines femmes trouvent que de cette façon, les conjoints atteignent une «égalité». Je ne trouve pas que c'est ça, l'égalité. La maman doit de toute façon se réveiller. Le couple (et l'enfant) ne serait-il pas davantage gagnant si l'homme était plus en forme, efficace le matin et surtout rempli de gratitude? Je crois qu'il est temps que les femmes en fassent moins, mais pas en demandant aux hommes de devenir mères. Revenons à ce que nous sommes, regardons ce qui est important et laissons la nature être ce qu'elle est.

Je le répète, les féministes ont fait de grandes choses pour les droits des femmes et nous devons poursuivre le travail. Cela dit, l'égalité ne doit pas nous obliger à nous éloigner de notre condition et de notre bonheur. Être égaux en droits ne signifie pas être identiques en soi. Une femme n'est pas un homme et vice versa. Je souhaite tellement que les femmes arrêtent de courir : nous allons toutes mourir un jour, peu importe nos «accomplisse-ments» professionnels. Il est primordial de savoir vivre et de prendre le temps de vivre sa vie[17]. Je leur souhaite aussi de se réconcilier avec leur féminité (le fait de l'assumer ne nous enlève aucune force, bien au contraire), leurs rêves, et d'atteindre une paix et un bien-être intérieurs, pour leur propre bien et pour l'épanouissement de leurs enfants. L'important est d'être heureux et bien dans sa vie. Vouloir être une *superwoman*, c'est de la pure folie. Qu'im-porte que notre modèle de couple soit «ancien» ou «moderne», si chacun y trouve son compte et est heureux. Lorsque le soir venu, épanouie et le sourire aux lèvres, je déclare à mon amou-

> **Il est primordial de savoir vivre et de prendre le temps de vivre sa vie.**

---

17   Pssst pssst : rien de scientifique, mais il semblerait que tout ce que l'on remet à plus tard (voyages, projets excitants, se payer du bon temps, être avec ses enfants, etc.) est rarement réalisé…

reux que mes journées sont purement belles et que d'être avec mes enfants me procure un état de plénitude sans égal, il me répond que je le mérite, que c'est moi qui ai fait en sorte que les choses en soient ainsi. Tout le monde y gagne et je n'échangerais de vie avec personne.

Depuis les dernières années, je constate (et je ne suis pas la seule, des statistiques le prouvent) que le temps passé en famille a considérablement chuté. Bien des parents ont trop d'occupations professionnelles, sont constamment branchés à leur ordinateur ou leur téléphone, sont stressés et manquent de temps pour leurs enfants. L'heure est venue de nous poser de sérieuses questions, pour nous, pour nos enfants, pour notre avenir.

Le respect et l'attention que se portent les deux conjoints au quotidien servent d'exemples aux enfants. Un couple solide met les enfants en confiance et cette confiance leur permet de s'épanouir pleinement. Un couple qui fonctionne bien est la base d'une famille heureuse. N'est-ce pas là le souhait de tout le monde, d'avoir une maison qui déborde d'amour ?

CHAPITRE 6
METTRE FIN À SES OBSESSIONS : CHERCHER LE PLAISIR ET ÉVITER LES DÉPLAISIRS

Pour moi, la force prend fondation dans la maternité ; la valorisation l'éclaire. Vaincre ses obsessions procure certainement une puissance inégalée. Dans ce livre, je propose différents moyens à adopter, dans notre vie, afin de « respirer le bonheur » : avec nos enfants, dans notre couple, dans notre alimentation et dans nos comportements. Entreprendre ces changements peut paraître difficile, même sembler être une montagne infranchissable pour certains, mais il existe une voie agréable pour modifier des habitudes bien ancrées en nous. Il suffit de l'essayer. Je vous l'explique.

Notre cerveau recherche le plaisir

Mettre fin à ses obsessions ou à de mauvaises habitudes (fumer, avoir des comportements alimentaires malsains, entretenir une consommation abusive d'alcool, etc.) ne doit pas nécessairement être difficile, au contraire. On peut cesser tous ces comportements dans le bonheur, avec une harmonie et dans le plaisir. Si cesser de fumer ou changer la façon de vous nourrir vous rend de mauvaise humeur, arrêtez ; cela ne fonctionnera pas.

Qu'on se comprenne bien, le soutien dans de pareilles circonstances est un facteur aidant, mais il appartient à chaque personne de décider de régler une situation. On n'a pas non plus toujours besoin de la présence de quelqu'un d'autre pour réussir un grand changement. On peut mettre fin à ses obsessions seul, maintenant, et même dans l'excitation et la joie. Si j'y suis parvenue, alors c'est à la portée de tous.

Tout part de notre tête, du choix personnel que l'on fait d'améliorer notre vie. Pour réussir à modifier un comportement, il faut d'abord comprendre que le cerveau recherche le plaisir et évite les déplaisirs ; il ne veut ni travailler, ni faire des sacrifices, ni souffrir. Il ne veut pas que ce soit difficile ; s'il perçoit une tâche, il va lutter et abandonner.

Il faut donc envisager cette étape comme un point de départ extraordinaire. Il faut avoir hâte de commencer, de découvrir ce que cela va nous procurer, seconde après seconde. Tout sera nouveau, excitant. Quelle belle aventure qui commence !

Lorsqu'il entrevoit un travail, notre cerveau décortique tout ; on dirait alors qu'il veut nous embêter. Ainsi, quelqu'un qui souhaite s'entraîner, mais qui envisage cela comme un poids, en imagine chaque étape avec lourdeur : « Je dois mettre mon équipement dans un sac, me rendre au gym, me stationner, me changer, etc. ». Les centres sportifs peuvent d'ailleurs compter là-dessus : ils survivent souvent grâce aux abonnés qui ne poursuivent pas leur programme jusqu'au bout ! Lorsque, au contraire, on se sent excité et heureux par l'entraînement, le cerveau le perçoit comme un tout : « J'ai hâte, ça va me faire du bien. Quel bonheur de me faire ce cadeau, de prendre ce temps pour moi ! Je pense aux résultats et ça me rend heureux. » Cette attitude provoque un état d'esprit où toutes les étapes décrites plus haut, dans le premier cas de figure, ne sont pas prises en compte par le cerveau. Cela en va de même pour tous nos comportements.

Le cerveau est naturellement paresseux et recherche simplement le bien-être. Une même activité peut être perçue de deux façons différentes : si, selon notre exemple, aller s'entraîner est pour nous synonyme de travail, notre cerveau l'appréhendera comme de l'*overtime* fatigant, plutôt que de l'envisager comme un plaisir dont il profitera. Même chose pour les tâches quotidiennes : est-ce que sortir pelleter est perçu comme difficile et ennuyant ou comme une occasion pour aller jouer dehors ? Il est vraiment possible d'entrevoir les choses de façon positive, afin que le cerveau les transforme en plaisir, puis que la motivation vienne d'elle-même. Comme notre cerveau souhaite seulement s'amuser, commençons d'abord par associer la fin de nos mauvaises habitudes à un plaisir immense, car la poursuite de celles-ci nous empêche d'être bien. Notre cerveau ne fait pas la différence ; c'est à nous de lui dicter ce qui est synonyme de plaisir ou non.

Donc, pour mettre fin à certains comportements malsains ou pour adopter de bonnes habitudes de vie, connaissant ce principe, nous n'avons qu'à leur associer des images fortes. Par exemple, si quelqu'un boit « trop » et poursuit dans cette voie, cela le mènera où ? À la maladie, voire à la mort. Au contraire, s'il arrête de boire, qu'est-ce que cela lui apportera ? La vie.

> **On doit associer un plaisir et des images positives très fortes à tout ce que l'on veut entreprendre de bon, et associer un déplaisir et des images négatives très fortes aux habitudes malsaines que l'on souhaite arrêter.**

On doit associer un plaisir et des images positives très fortes à tout ce que l'on veut entreprendre de bon, et associer un déplaisir et des images négatives très fortes aux habitudes malsaines que l'on souhaite arrêter. Autrement dit, il faut s'attarder davantage au positif et à la belle vie qui nous attend.

Je n'invente rien. Ce processus s'appelle de la programmation neurolinguistique et l'auteur Anthony Robbins[18] est un de ceux qui pratique cette doctrine à travers le monde.

---

18   Bien que ses livres datent déjà de plus de vingt ans, ils sont encore au goût du jour et je les recommande fortement à tous ceux qui désirent entreprendre des changements radicaux dans leur vie. Pour obtenir plus de renseignements sur le sujet, consultez le : www.tonyrobbins.com/

Les publicitaires ont eux aussi compris depuis longtemps que le cerveau associe des idées à un état d'esprit. La publicité nous conditionne donc à croire à certains concepts en associant des habitudes, bonnes ou mauvaises pour nous, à des images de plaisir : on a tenté, et même réussi, de nous convaincre que fumer pouvait nous procurer un bonheur immense, malgré le fait que l'on s'étouffe dès les premières bouffées et que cela peut nous tuer ! Notre cerveau peut être conditionné à ce point : il parvient à associer du bon à une habitude qui pourtant nous détruit. Dans le fond, il va seulement croire ce qu'on lui dit, ce qu'on lui propose, peu importe si cela est vrai ou pas. La grande et bonne nouvelle, c'est qu'on peut faire la même chose, à l'inverse. Amusons-nous donc à être un génie pour notre vie et conditionnons notre cerveau de façon positive, puis le reste suivra.

Le cerveau associe certains états d'esprit à des événements. Par exemple, une femme pourrait se sentir plus femme si elle portait une robe ou un sac à main griffé ; et un homme pourrait se sentir plus homme s'il portait un chapeau de cowboy et chevauchait un étalon (Marlboro a d'ailleurs été sauvé de la faillite grâce à cette image !). Nous pouvons arriver, de la même façon, à de très grands résultats. Le secret est d'associer un état de bien-être et de plaisir à cesser de fumer, par exemple, en visualisant tous les bénéfices qui en découleront (notre odeur, notre propreté, notre allure, notre santé, etc.), comme dans une belle campagne publicitaire dont nous sommes le héros.

Pour y arriver, il faut d'abord *vraiment* y croire. Je connais des personnes qui ont arrêté de boire, de fumer, avec aisance et une humeur déconcertante, certains, même, en perdant du poids. Au fur et à mesure que l'on se découvre une forme extraordinaire, chaque journée d'abstinence devient une journée de profonde satisfaction, et non une journée de manque. J'ai même remarqué chez un ami une exaltation palpable dans les premiers temps où il a entrepris de cesser de fumer (et il était auparavant un grand fumeur). Il s'était tellement bien conditionné au préalable que le bonheur immense qu'il a éprouvé dès les premiers jours en était même cocasse pour les autres qui le voyaient. J'ai personnellement été témoin de sa préparation, et je l'ai trouvée extraordinaire, basée sur la visualisation de l'arrêt et du non-arrêt. Il a commencé par transcrire le résultat de sa décision sur papier, puis il s'est imaginé comme non-fumeur, par exemple, à différents stades futurs de sa vie : vingt-quatre heures plus tard, une semaine, un mois, trois mois, six... douze, puis cinq, dix et vingt-cinq ans. Un tel processus agit comme un effet de levier sur la décision et est d'une force insoupçonnée. Il avait également décortiqué l'acte de fumer et les coûts reliés à la cigarette : ne pas aimer la première bouffée, aspirer du soufre, tacher les doigts, avoir une mauvaise haleine, le souffle court, une toux grossière, le cancer, des problèmes qui se développent chez l'homme avec l'âge, etc. Une fois cette étape franchie, il devient alors difficile d'apprécier cette habitude et d'avoir envie de poursuivre dans cette voie. Contrairement à plusieurs autres vices, la cigarette n'apporte aucun effet positif ; elle ne fait que répondre momentanément à un manque. Elle ne procurera jamais d'état de plaisir d'une façon absolue. Le même exercice de préparation et de conditionnement est valable pour n'importe quel problème auquel on souhaite mettre un terme. La démarche demeure donc la même, il n'y a que les arguments qui diffèrent.

Tout part de sa pensée ; il faut seulement se décider à passer à l'action

Je vous encourage à régulièrement associer des plaisirs immenses à l'arrêt de vos mauvais comportements et vice versa. Prenez un peu de temps, chaque jour (on se le doit bien), pour vous parler, pour prendre conscience de ce qui se passe, ce que vous avez acquis, ce que vous évitez. Vous constaterez rapidement les changements qui s'opèrent dans votre vie. L'arrêt de mauvaises habitudes nous amène à un tel mieux-être, quasi instantanément, et cela se poursuit de jour en jour. Remettons-nous donc en question souvent. C'est ça, du vrai renforcement positif.

La technique la plus efficace pour réussir ces associations est de mettre sur papier, en deux colonnes distinctes, les désavantages et les avantages à passer à l'action ou pas ; à imaginer en quoi notre vie serait affectée par ces changements dans les jours, les mois et les années à venir. Il est possible de prévoir avec beaucoup de précision et fidèlement ce que l'on deviendra et ce que l'on évitera dans telles ou telles circonstances. D'un côté du tableau, on trouve donc les ravages de ce qu'un refus de passer à l'action pourrait faire dans le temps (images fortes négatives) : « Moi qui fume, bois, ou mange mal… », puis de l'autre, tout ce qui en ressortirait de positif : « Moi qui suis en santé, qui a cessé de fumer, de boire ou de mal manger. » À cette étape, on se laisse inspirer par les exemples qui nous touchent le plus. La différence qui ressort entre les deux pôles peut parfois créer des vertiges : d'un côté, la dégradation dans toutes les facettes possibles de sa vie et de l'autre, le succès, le beau, le fort, la santé, le bonheur en famille, etc. J'aime *ressentir* le positif pour donner de la puissance à cette programmation. De plus, à force de répéter cet exercice sur papier, de le relire à haute voix ou mentalement, on « court-circuite » le lien associé à l'action que l'on désire changer.

Lorsqu'on se trouve vraiment au bas de l'échelle et qu'on est à deux doigts du désespoir total, réaliser cet exercice n'est pas toujours une étape indispensable ; le changement peut effectivement s'enclencher inévitablement, quand chaque instant d'abstinence, inespéré, inattendu est vécu un pas à la fois. Retourner en arrière, recommencer ses mauvaises habitudes, est synonyme de perdre tout ce qu'on a gagné en si peu de temps. Dans une telle situation, il n'y a pas de place pour les listes, il n'y a qu'un seul déclic : on décide d'arrêter, sinon on meurt. On n'a plus le choix, on met fin à notre obsession et, automatiquement, les choses s'améliorent dès les premiers jours : c'est l'euphorie !

Transcrire sur papier ses émotions et sa propre opinion de soi exige de la sincérité ; on ne doit pas se raconter des histoires ! Il est important d'être très honnête avec soi-même. Ensuite, si l'on fait cet exercice quotidiennement, mais que l'on continue tout de même d'entretenir ses mauvaises habitudes, il devient de plus en plus difficile de se sentir bien, puisque l'on sait pertinemment que l'on ne gagnera rien de bon à continuer ainsi.

Cette «technique» n'est pas à sous-estimer : elle peut changer une vie à une vitesse folle. Il est inutile de perdre quinze ans en thérapie ; il suffit simplement de commencer cet exercice maintenant ; quinze minutes par jour pendant trente jours peuvent régler des problèmes pour toute une vie.

La programmation a un réel pouvoir. Il n'appartient maintenant qu'à vous de l'utiliser pour accomplir de grandes choses.

Les journées d'abstinence deviennent des journées de bonheur

Ce processus est l'une des plus belles choses que l'on puisse expérimenter au cours de sa vie. Cela s'avère toujours un projet excitant, par lequel on gagne tellement ; on prend enfin le pouvoir dans sa vie. Les récompenses que l'on récolte de cette démarche et le simple fait de constater qui on devient, de jour en jour, renforcent la poursuite de ce mieux-être.

L'autohypnose

Associer des images à des comportements est une forme de programmation, tout comme l'autohypnose que j'ai pratiquée lors de l'accouchement de mon deuxième enfant. Et cela a vraiment fonctionné, presque jusqu'à la toute fin… Je peux maintenant me servir de ce que j'ai appris pour d'autres situations. Le but alors pour moi était de me couper de la douleur et de programmer mon cerveau à aller ailleurs, dans un lieu de plaisir et de joie intense. Étonnamment, j'y arrivais, puis je tombais dans un état d'engourdissement. Par contre, je dois dire qu'il faut être très fort pour ne pas perdre le fil pendant un accouchement !

J'ai appris à pratiquer l'autohypnose en écoutant seule un enregistrement, mis au point par le docteur Fizet[19], d'une heure quotidiennement, et ce, pendant une trentaine de jours. Je me retrouvais alors, dans mon jardin ou dans ma chambre, et je vivais cette détente douce et profonde en prenant contact avec mon bébé dans mon ventre. Un temps pour moi, pour nous arrêter, coupés de tout. Ma préparation à mon accouchement a été merveilleuse et restera gravée en moi à jamais. En plus, j'éprouve aujourd'hui la satisfaction de m'être moi-même conduite vers l'accouchement, et dans le bonheur le plus complet.

De la même façon, les *meetings* personnels, dont on parlait plus tôt, pour s'aider lorsqu'on souhaite changer une situation sont des moments uniques de grand bonheur.

Un nouveau chemin

On peut aussi utiliser la programmation pour se débarrasser d'une mauvaise habitude que l'on traîne depuis son enfance. Par exemple, si notre timidité d'enfant nous a amené à devenir une personne «carencée» dans les relations interpersonnelles à l'âge adulte, il est possible, du jour au lendemain, d'établir de nouvelles associations dans notre cerveau afin de faire disparaître nos «mauvais» réflexes alimentés par ce que nous étions, mais que nous ne sommes plus. Nous pouvons donc montrer à notre cerveau que les choses sont maintenant différentes, pour qu'il ne prenne plus les vieux chemins qu'il empruntait auparavant automatiquement.

Pour ce faire, il est recommandé de se tenir debout, en position verticale, car être investi physiquement facilite le processus. On plonge alors à l'intérieur de soi, vers ce qu'on n'a pas aimé de son passé (une situation), et on regarde ce que cela a fait de soi (ne pas aller vers les autres, par exemple).

---

19   www.hypno-vie.com

Puis pour réellement se défaire de ce «mauvais pli», on le remplace par autre chose de plus beau.

D'abord, il faut fixer son esprit sur un moment associé à ce que l'on aime de soi-même, où on s'est senti bien et en force, où la vie était belle. Il n'est pas nécessaire d'avoir réalisé de «grandes choses», on peut, par exemple, simplement penser à un moment où tout était merveilleux avec ses enfants.

Il faut ensuite se concentrer sur cet instant en prenant un ancrage physique : se tenir les mains ensemble, se pincer la peau entre l'index et le pouce, se mettre la main sur la hanche. Il suffit de choisir un geste simple qui peut se reproduire n'importe où, sans que les autres ne s'en aperçoivent.

Prenons l'exemple de la main sur la hanche comme geste à poser pour s'aider à remplacer son «mauvais pli» (la timidité). Au moment où une situation difficile se présente, on prend donc son ancrage physique (main sur la hanche), puis on se transporte alors dans sa tête, là où on s'est senti plus fort (moment merveilleux vécu avec son enfant). Un autre exemple : lors d'un rendez-vous stressant, en posant la main sur sa hanche, notre cerveau nous amène à ce moment où on était en pleine possession de ses moyens. Ainsi, en puisant dans nos bonnes ressources (que nous avons tous), on peut dorénavant surmonter différentes situations que l'on trouvait pourtant autrefois difficiles. Évidemment, la pratique facilite la nouvelle association de la force désirée au moment opportun.

L'essentiel, c'est de convaincre son cerveau que le passé est bel et bien terminé, derrière soi, qu'on peut l'oublier, et que l'on est maintenant une personne différente : forte, bonne et puissante.

Il n'y a pas de temps à perdre

On peut tellement accomplir de belles réalisations en pratiquant seulement quelques *meetings* personnels quotidiens, en envisageant les différentes avenues possibles à l'aide d'images fortes, et en puisant dans ses souvenirs où on s'est senti en pleine possession de ses moyens, serein, bien ; on peut même en inventer, et le cerveau y croira. On est tous en mesure de changer ce que l'on veut de soi-même, en un clin d'œil. Il suffit d'un déclic, d'un choix que l'on fait seul, juste pour soi. L'idée est de revenir à ce que l'on est réellement, à sa pleine estime de soi-même ; avec un plein potentiel qui dépasse l'idée même de ce que l'on peut se faire. Notre cerveau va croire ce qu'on lui dit et une fois convaincu, notre entourage le sera.

Il est aussi important de se gâter, de se féliciter et de se récompenser. Il ne faut pas trop s'en demander au tout début. Quelqu'un qui cesse de boire, par exemple, pourrait ressentir le besoin de manger un peu de sucre, ce qui est tout à fait normal, voire confortable ! En contrepartie, le gain que cette personne obtient en arrêtant de consommer de l'alcool est tel que cela en vaut la peine. Il peut donc se permettre quelques gâteries. Par la suite, il lui deviendra facile et excitant de trouver la meilleure santé possible et, par le fait même, de se sentir plus jeune que jamais.

Dans le chemin qui mène vers la santé, la vie est tellement agréable ! On y découvre du nouveau, partout : de nouvelles passions, de nouvelles rencontres, une nouvelle façon de vivre…

Je connais des gens qui ont cessé de boire et qui ont ainsi connu les plus beaux jours de leur vie. Ils ressentaient une vitalité, une force, une énergie incroyable. La même chose est vraie pour quelqu'un qui arrête de fumer : en peu de temps, on peut retrouver des sens que l'on avait perdus. La vie ne peut qu'être plus belle, sur tous les plans, et ce, peu importe à quel mauvais comportement on a entrepris de mettre un terme.

Vivre bien et vivre à fond procurent un plaisir si grand ! Quel bonheur aussi de voir l'argent économisé, le poids perdu, l'énergie revenue, la qualité de vie gagnée avec ses enfants, ses proches…

Au début, il y a donc le déclic, ensuite la décision, puis les choix. C'est ainsi qu'on s'engage dans ce beau nouveau chemin. On se projette vers l'avenir, on imagine positivement notre sort.

On croit en soi : une force que nous possédons tous nous aidera. Elle naîtra de notre décision de grandir et ne nous quittera jamais. Nous sommes dès lors plus fort qu'on n'aurait jamais pu l'imaginer. Le plus difficile est alors déjà derrière soi. Il n'y a plus rien à son épreuve, que des découvertes et des cadeaux.

Il est important de mentionner que ces façons de faire n'existent pas uniquement en théorie. Au contraire, des athlètes de haut niveau utilisent ces techniques éprouvées sur une base régulière. D'ailleurs, plusieurs d'entre eux affirment que les médailles se gagnent grâce à elles. La préparation mentale précédant une performance sportive est basée sur ce que l'on a démontré.

Par la programmation associée à la magie (voir chapitre 10), l'aventure devient de plus en plus belle, jour après jour. On vit alors pleinement chaque instant et rien d'autre ne compte (pour son propre bien et celui des autres). Afin de m'aider à cerner l'essentiel et à faire certains choix, je me demande souvent ce que j'aimerais faire si je vivais maintenant ma dernière journée. Et souvent, la réponse est que je veux être, tout simplement ; avec mes enfants et mon amoureux, idéalement dans la nature, en contact avec les éléments qui nous entourent. Le secret est de savourer chaque moment de plaisir qui s'offre à soi, tous les jours : une marche, un bon jus sur une terrasse, etc. C'est ainsi qu'on apprend à vivre. Malheureusement, peu de gens sont vivants, allumés, passionnés, excités, ouverts, goûteurs et heureux, alors qu'il est pourtant si facile de l'être, avec peu.

> Le secret est de savourer chaque moment de plaisir qui s'offre à soi, tous les jours : une marche, un bon jus sur une terrasse, etc. C'est ainsi qu'on apprend à vivre.

S'affirmer dans ses nouveaux choix permet de se défaire de ses obsessions et de ses mauvaises habitudes, mais cela permet également de profiter davantage de la vie. Tout n'est qu'une question de perspective, de voir et d'envisager notre vie différemment.

Et ce qu'il y a de plus merveilleux dans tout cela, c'est que les enfants ont spontanément cette tendance au bonheur. Il suffit donc d'entretenir chez eux cette attitude, au quotidien, et de les accompagner.

Apprendre à voir la vie autrement, de manière positive, et l'aimer est la route la plus sûre pour respirer le bonheur. Vivre stressé, en étouffant ses obsessions, ou vivre heureux et libre, sans obsession : voilà deux choix pour la même vie. Dans un cas, on souffre ; dans l'autre, on vit dans le bonheur.

CHAPITRE 7

VITALITÉ : NE PAS PRENDRE SOIN DE NOUS EST UN PÉCHÉ !

À partir du moment où l'on est conscient, que l'on sait ce qui est bon pour soi et ce qui ne l'est pas, il devient impossible de rester sur le «mauvais» chemin sereinement.

J'ouvre ici une parenthèse : être sceptique et se tester soi-même est une chose essentielle. De la même façon, si on suit les conseils d'un nutritionniste ou d'un quelconque spécialiste, celui-ci doit, à mon avis, être une source d'inspiration et même posséder les attributs que nous recherchons. Sinon, posons-nous des questions…

Les gens heureux dégagent une énergie incroyable autour d'eux. En vivant avec certains principes et outils, dont celui de la visualisation positive, des choses magnifiques peuvent se réaliser : c'est ce que j'aime appeler la magie (voir chapitre 10). Le bonheur et la santé sont essentiels à la magie. Lorsqu'on est malade, toute son énergie est concentrée à combattre l'indisposition et alors il n'en reste plus assez pour créer. Voilà une des raisons, avec celle de bien vivre, pour lesquelles la santé, dans son sens large, est une priorité dans ma vie. Elle me procure de la vitalité tout au long de la journée et la force nécessaire pour créer ma vie. Voici les «trucs» que j'applique, personnellement, pour la maximiser. Ils sont le fruit d'expériences diverses et de belles rencontres. Rien ne remplacera la médecine traditionnelle. Par contre, de belles habitudes peuvent nous aider à mettre toutes les chances de notre côté pour développer et surtout conserver une merveilleuse forme physique (à noter que je partage ce vers quoi je tends dans le meilleur des mondes… mais ce n'est pas ainsi tous les jours! Ces habitudes de vie s'acquièrent au fil du temps).

Respirer…

Un jour, une amie est arrivée chez moi avec une nouvelle connaissance. Dès que je l'ai aperçue, j'ai été subjuguée : elle était si fluide, respirant l'harmonie, comme si la nature passait à travers elle… Immédiatement, je lui ai demandé ce qu'elle faisait pour cela, car je voulais faire la même chose.

Au fil de notre discussion, elle m'a suggéré un stage de respiration et une rencontre avec une massothérapeute extraordinaire. Nous avons parlé, beaucoup parlé, même ; elle me fascinait (encore aujourd'hui, j'aime son savoir et ce qu'elle est). Je me suis avancée sur les chemins qu'elle m'a suggérés et tout de suite, d'autres rencontres inspirantes, d'autres idées et d'autres connaissances se sont placées sur ma route. J'avais vraiment envie de maximiser mon énergie. Je désirais faire partie de ceux qui semblent n'être jamais fatigués, ceux qui rayonnent et qui irradient du matin au soir.

À cette époque, je mangeais déjà très bien, mais je manquais tout de même d'entrain et de vivacité. Je ne comprenais pas pourquoi. J'ai su, par la suite, que mon corps n'assimilait pas ce que je lui donnais. Avec mon partenaire, j'ai consulté Lucie Blouin dont la pratique, dans son centre de santé fonctionnelle, est d'améliorer le bien-être et d'augmenter la vitalité de ses patients. En effet, elle se concentre sur la source même des différents déséquilibres métaboliques dont on peut souffrir. En réparant et en rétablissant l'équilibre entre les systèmes psychologiques, biochimiques et structurels du corps ; Lucie collabore à l'optimisation de la qualité de vie avec cette approche :

- Plusieurs facteurs influencent le bien-être, tels que : l'alimentation, la digestion, le stress, l'exposition toxique de l'environnement, l'activité physique…
- Les cellules de notre corps se nourrissent de protéines, de bons gras et d'hydrate de carbone ; jusque-là, rien de sorcier. Maintenant, savez-vous combien de calories par jour *votre* corps nécessite pour passer à travers la journée ?
- Chaque individu est différent. Dans un certain sens, nous sommes tous des athlètes, puisque nos journées sont longues et exigent une performance mentale et/ou physique.
- Si l'on ne mange pas suffisamment de bonne nourriture dans une journée, des conséquences se manifestent par un manque d'énergie, une prise de poids, des maux de tête, etc.

Mais qu'est-ce qui fait que quand nous nous nourrissons bien, nous sommes fatigués ? Les cellules de notre corps ne propulsent pas l'énergie adéquate ? Métabolisons-nous notre nourriture ? Est-ce que toutes les informations nutritives se rendent à la destination requise (notre cellule) ? Est-ce que notre corps convertit notre salade, nos fruits, nos protéines ? Plusieurs facteurs interviennent dans un mauvais fonctionnement de nos voies métaboliques. Comment les supporter ?

Je me suis donc retrouvée au bureau de Lucie, où j'ai enfin pu obtenir des explications à ma fatigue. J'étais, entre autres choses, stressée… Moi ? Comment se pouvait-il que, vivant à la campagne dans un milieu aussi extraordinaire, je sois contaminée ? Je crois que le stress est un véritable fléau et, à lui seul, il peut nuire au bon transport et à l'absorption efficace des nutriments. En plus, le danger, avec lui, c'est qu'il est sournois. Je rejoindrai sûrement plus de 95 % des lecteurs en parlant de stress. Encore aujourd'hui, je dois régulièrement me rappeler de prendre le temps de respirer. J'oublie de respirer !

La respiration est d'abord source de vie et si elle est pratiquée adéquatement, elle détend sur-le-champ. Il suffit d'en prendre conscience, de respirer profondément, calmement, et le tour est joué. De plus, elle oxygène le corps, littéralement, et le rend vivant. Si l'on parvient à la maîtriser, elle garde jeune et en santé. Elle procure énergie, vitalité ; «détoxifie» et purifie. La maîtriser et l'optimiser est synonyme d'équilibre (émotionnel et physique) et de puissance.

Ma quête de bien-être a donc commencé il y a quelques années, avec la respiration : je suis allée suivre un cours pour apprendre à respirer. Il est certain que cette étape s'adresse aux personnalités extrêmes… et un peu ésotériques. Mon chum n'a pas reçu son diplôme ! Il a tout simplement décroché avant la fin de sa formation. La plupart d'entre nous respirons à seulement 10 % de notre capacité, car nous ne remplissons pas nos poumons. Le manque d'oxygène dans le corps est une composante de ce qui le fait vieillir. Je pense sincèrement que l'on peut rester jeune plus longtemps si l'on prend le temps de bien respirer. C'est ce qu'il y a de plus important, avec le sommeil et l'alimentation, et on l'oublie malheureusement. C'est fou ! On a constamment le souffle coupé. On ignore même à quel point on a besoin de respirer pleinement pour oxygéner son sang, pour aider ses organes à fonctionner et pour être moins stressé. La respiration régénère et détend. Ce premier pas a été plus que positif pour moi, il m'a ouvert un chemin extraordinaire et des portes fascinantes.

Lors de mon stage, j'ai appris une technique de respiration puissante destinée à éliminer le stress et à rétablir l'harmonie entre le corps et le mental. Je l'ai pratiquée à l'époque tous les jours religieusement. Cette routine est à la fois «détoxifiante», purifiante et vivifiante. Celui qui nous l'a enseignée nous disait qu'elle nous garderait en santé, et il disait vrai ! Je m'arrêtais parfois, l'après-midi, et au lieu de faire une sieste je suivais cette routine, elle m'«énergisait». N'importe quel exercice de respiration, que nous ayons suivi un cours ou non, peut être bénéfique. On peut seulement s'étendre sur le dos et en prendre conscience.

C'est extraordinaire comme tout cela est simple ! Il est possible d'intégrer ces respirations à toutes nos activités. Le problème est que tous les êtres vivants respirent, et ce, à chaque seconde. C'est donc tellement naturel et indispensable qu'on n'y prête pas l'attention qu'on devrait. Il en va d'ailleurs de même avec plusieurs choses que l'on tient pour acquises (le couple, la famille, la santé, la richesse, la liberté, etc.). Le matin, en après-midi, en voiture ou en regardant un film, on devrait avoir l'automatisme de penser à bien respirer, profondément (et de profiter de l'air pur et frais si l'on peut).

Un peu à la manière d'Anthony de Mello[20], qui a écrit de nombreux livres sur le bonheur, s'arrêter pour prendre conscience de l'essentiel se résume à ceci : être conscient de ce qui se passe autour de soi et l'apprécier. Dans le cas contraire, on passe à côté du bonheur : on peut consommer les plus belles choses du monde sans malheureusement le réaliser.

Depuis, je commence souvent ma journée avec des exercices de respiration, l'équivalent pour moi d'un massage interne. Puis j'en fais à tout moment de la journée, mais souvent en après-midi, pour me redonner la vigueur dont j'ai envie pour poursuivre. Pour moi, c'est vital. J'ai suspendu ma routine pendant quelque temps et j'ai remarqué une énorme différence dans mon niveau d'énergie. Tout le monde peut s'arrêter, respirer et s'oxygéner. Quel bonheur !

S'étirer...

J'ai donc suivi ce cours de respiration avec un maître indien, mais on pourrait facilement vivre une expérience similaire avec n'importe quel bon professeur de yoga. D'ailleurs, respiration et étirements, pour moi, vont de pair.

Pour ma part, je mange sainement depuis une vingtaine d'années déjà, mais ce qui fait une véritable différence entre les

---

20   http://ademello.net/

journées où je me sens fatiguée et celles où je suis énergique, sont celles où je fais mes exercices de respiration et mes étirements. Le matin, en me levant, je fais quelques salutations au soleil (enchaînement de différentes postures de yoga), toujours en prenant conscience de mes respirations, mais même deux peuvent changer ma journée de façon radicale. On peut aussi tout simplement s'étirer, l'important est de bien respirer. Quelques minutes seulement font toute la différence et nous permettent d'apprécier la vie.

Trois postures «détoxifiantes» me font autant de bien qu'un bon massage shiatsu. Elles aident le corps à se libérer des toxines causées par le stress, l'air pollué que l'on respire, les mauvais aliments que l'on consomme, et j'en passe. J'adore faire ces positions de yoga, c'est pour moi un tel bonheur. Je vous garantis qu'en commençant ainsi ses journées, on voit une réelle différence dans son niveau d'énergie.

Chaque matin, je prends donc un moment pour faire mes salutations, ainsi que quelques autres positions «détoxifiantes», et bébé est toujours avec moi. Au fil du temps, j'ai uniquement déplacé mon tapis, qui se trouvait d'abord à ses côtés, lorsqu'il restait étendu sur le dos sur son propre tapis, puis près de son «parc» fait maison où il jouait en m'observant. Maintenant, il se joint à moi. Je suis devenue flexible : l'important est de m'étirer un peu, quels que soient le lieu et le moment. Je ne suis ni une spécialiste en la matière ni un maître yogi, mais j'aime ça, tout simplement. Et surtout, cela me fait un bien fou. Le yoga s'enseigne aux enfants, n'importe qui peut donc l'apprendre. Encore une fois, il ne s'agit pas d'y consacrer beaucoup de temps, pour obtenir, en échange, une meilleure qualité de vie. Il est si important de prendre soin de soi-même, de maximiser notre vitalité et d'être dans son corps, alors que l'on est trop souvent plutôt dans sa tête, à tout penser, examiner, réfléchir : ce n'est pourtant pas là qu'on trouve le bonheur !

Bouger ou danser!

Je trouve essentiel de faire de l'exercice sur une base quasi quotidienne. J'ai aussi remarqué que plus on le fait tôt dans la journée, plus importants en seront les bénéfices. De cette façon, on jouit d'un niveau d'énergie supérieur, plus longtemps. Il appartient à chacun de trouver ce qui lui plaît. Il n'est pas nécessaire (même inutile) de souffrir et d'être malheureux lors de cette activité. De mon côté, je pratique la danse, accompagnée de mes enfants. Sans vouloir en faire la promotion, j'ai commercialisé des DVD de danse exercice tellement je crois à cette forme d'entraînement qui se fait dans la joie et qui est d'une efficacité remarquable, puisque tous les muscles du corps sont alors sollicités. J'ai d'ailleurs reçu un nombre impressionnant de commentaires positifs de femmes s'amusant en dansant, tout en retrouvant leur taille, leur santé et même une joie de vivre.

Le fait de privilégier le plaisir en faisant de l'exercice est un gage de succès... Il faut d'abord avoir envie de se faire du bien, de se gâter.

Il suffit, pour chacun, de choisir une façon agréable de bouger et de faire de l'exercice, une activité que l'on trouve amusante, pour que sa journée s'en trouve transformée, son énergie décuplée, et que son sourire et son humeur inspirent les gens de son entourage. Ma belle-mère, elle, ne jure que par ses trois marches quotidiennes, particulièrement la première, qu'elle fait très tôt le matin avec ses chiens, et elle est dans une forme remarquable. Je ne crois pas qu'il faut souffrir pour atteindre des résultats positifs. Le fait de privilégier le plaisir en faisant de l'exercice est un gage de succès... Il faut d'abord avoir envie de se faire du bien, de se gâter. J'invite donc chacun à trouver ce qui le mettra dans un état d'esprit merveilleux et communicatif pour la journée, en plus de le rendre attrayant aux autres. J'encourage aussi chacun à mettre de l'emphase sur la qualité de sa respiration lors de la pratique de sa routine, afin d'en multiplier les effets positifs.

J'ai eu la chance, pour ma part, de reprendre la danse dans le cadre d'une émission de télévision. Mon amoureux ne m'avait alors jamais vue aussi heureuse que lorsque je revenais de mes pratiques. J'ai eu le bonheur de faire environ huit mois intensifs avec ces professionnels et mon corps en a été transformé. De toutes les activités, ce sont la natation et la danse auxquelles mon corps répond le mieux. Mon esprit, quant à lui, ne peut être plus heureux et plus jeune que lorsque je danse ; je ne veux plus arrêter ! J'ai toujours aimé danser. J'aime la combinaison de l'effort physique associé à l'effet libérateur que cela procure ; c'est magique ! Des médecins m'ont d'ailleurs dit à quel point la danse pour notre petit, collé à papa ou à maman, était bénéfique et privilégiait son bon développement. En plus, avec le rire, elle crée une merveilleuse résonance dans le corps et dans la maison ; on s'abandonne alors et on laisse sa tête de côté pour un instant. On ne fait qu'un avec ce que l'on est. On retrouve notre énergie. Les enfants devraient danser tous les jours et ils seraient automatiquement heureux, comme nous. Je me souviens du bonheur de mon fils aîné lorsque je l'emmenais à mes cours de danse africaine : il courait, sautait, tournait à travers les gens. Julio, mon professeur et partenaire, me disait de le laisser faire : « Il danse ! » Danser permet de retrouver cette joie, cette vibration. J'aime me nourrir le plus souvent possible de ce qui nous met dans cet état. La musique et la danse m'y mènent. D'ailleurs, l'idée de réaliser les DVD (avec Julio, justement) était d'offrir aux gens la possibilité de danser à la maison et donc, de rendre l'activité accessible à tous, en tout temps, pour s'amuser et atteindre un niveau de bien-être élevé. Ceux qui sont déjà en bonne forme physique peuvent ajouter des poids et s'étonner des résultats. (C'est une autre bonne raison d'avoir bébé dans les bras !) Les enfants en redemanderont !

Les enfants sont tellement heureux de s'activer auprès de leurs parents, et quel bel exemple à leur offrir. Peu importe le temps que l'on consacre à l'activité physique, un minimum vaut mieux que rien du tout. Mais prenons donc le temps d'investir dans notre santé.

La posture

Un autre élément au cœur de la vitalité est la posture. Cette dernière est vraiment très importante, car se tenir droit, c'est se dire (et dire à tous) qu'on est fier, riche (de tout) et en santé. Autant que le regard, la posture en dit long lorsqu'on rencontre quelqu'un pour la première fois. À adopter celle de quelqu'un qui réussit et qui est en santé, le cerveau finit par y croire et s'organise pour créer la situation. Par la posture, on communique à son corps que tout va bien. Avoir une belle colonne vertébrale bien positionnée permet de distribuer efficacement sa respiration partout dans le corps, ce qui est la base de la santé. En être conscient et y porter une attention particulière fait toute la différence.

Longtemps, j'ai souffert de maux de tête, longtemps, longtemps, et personne n'arrivait à en trouver la source. Puis pendant une séance de yoga, ma professeure a corrigé ma posture : elle a repositionné mon menton afin que la ligne de ma colonne s'élance vers le ciel et le résultat fut remarquable.

Personnellement, les étirements, la respiration et la posture sont venus à bout de la majorité de mes maux reliés au stress. Pour le reste, je danse, j'offre de bons aliments à mon corps : c'est mon investissement dans ma santé et ma jeunesse.

Boire beaucoup d'eau, mais de la bonne eau

Bien que la respiration soit l'élément qui puisse faire toute la différence dans une journée, cela ne signifie pas que l'on puisse négliger son alimentation pour autant. On ne peut parler de santé sans s'attarder à ce que l'on boit et ce que l'on mange. L'humain est fait de ce qui entre dans son corps; n'oublions pas que nous sommes en grande partie constitués d'eau.

En boire beaucoup est donc primordial. Le matin, au lever, cela devrait d'ailleurs être le premier liquide que l'on ingère, en grande quantité, pour éliminer toutes les toxines qui se sont accumulées dans le corps durant la nuit. Il faut donc oublier le café (ou du moins le retarder d'une quinzaine de minutes) et commencer par un bon verre d'eau! Pour ma part, j'en prends deux ou trois au tout début de ma journée, puis quelques litres, ensuite. Adieu, microbes et tout ce qui est nuisible à la santé! Il est également bon de savoir qu'il n'est pas recommandé de boire en mangeant, afin de permettre au système digestif de bien fonctionner. Il est donc préférable de le faire une demi-heure avant ou après les repas.

Évidemment, si je quitte la maison, je la transporte dans des bouteilles de verre réutilisables! J'ai aussi fait installer un filtre sous mon robinet… je suis comme ça!

Boire de l'eau est essentiel, c'est ce qui nettoie le corps. On peut également y ajouter de la chlorophylle, le pigment vert des plantes, qui capte l'énergie fournie par le soleil grâce au processus de la photosynthèse. Telle quelle ou diluée dans de l'eau; elle est vraiment vitalisante.

Fruits et légumes en abondance... et bio si on peut

L'importance de l'alimentation est tout aussi vitale. Consommer des fruits et des légumes est crucial, qu'ils soient organiques ou pas, frais ou congelés. Il est alarmant de constater qu'une majorité ne le fait plus alors qu'on vante les multiples vertus de ces aliments et qu'on décrie les véritables dangers de ne pas en prendre. Je suis végétarienne depuis une vingtaine d'années: j'ai d'abord banni la viande pour me sentir plus légère, les convictions ont suivi ! J'ai aussi une attirance pour le bio (tout en étant flexible et en faisant des concessions), il suffit de visionner un seul film sur les aliments transformés pour se rendre compte à quel point cela est épouvantable. Les fruits et les légumes qui ne sont pas biologiques sont vidés d'une grande partie de leurs nutriments, essentiels à notre santé. Il faut que l'on arrête d'en douter. Ces aliments n'ont plus, par exemple, leurs armes naturelles ; ils sont « dénaturisés ». De plus, ils n'ont pas la chance de mûrir à point, lorsqu'ils sont cueillis rapidement pour les faire voyager. Il faut être lucide, regarder les choses en face et s'informer sur les aliments nourris de cocktails chimiques. Ce même discours s'applique pour les viandes et les volailles, sauf qu'il fait encore plus mal au cœur. Il y a des fermes biologiques partout, il s'agit de faire une petite recherche pour savoir laquelle est à proximité de chez soi. Les prix y sont vraiment accessibles par rapport à ceux que l'on retrouve dans les épiceries et les marchés publics ; en plus, les aliments y sont cueillis le jour même et lorsqu'ils arrivent dans notre assiette, ils sont remplis de vitamines et de tout ce qu'il faut pour notre santé… La ferme biologique, pour moi, est un pas dans la bonne direction de l'alimentation santé. Chez nous, non seulement nous mangeons bio, mais local, autant que possible, et nous consommons des légumes d'ici, en suivant les saisons, la nature… ce qui correspond tout à fait à notre philosophie.

Le matin, toute ma famille mange des fruits : ça se digère rapidement et ça nettoie le corps (aussi), tout en lui procurant des vitamines et nutriments. Le reste de la journée, je n'en mange presque plus parce que souvent, lorsque consommés avec d'autres aliments, il y a fermentation et ce n'est pas un heureux mélange… Pour éviter cette fâcheuse situation, on pourrait aussi les manger deux heures avant ou après d'autres aliments. Mon bébé a commencé à manger des purées vers l'âge de six mois et il suit le même processus (comme il est davantage prescrit de le faire en Europe, j'ai d'ailleurs préféré lui donner des légumes et non du riz qui peut constiper, surtout pour un système digestif débutant!).

Le matin, je ne m'oblige pas à prendre un gros déjeuner si je n'en ressens pas le besoin. Je dois dire que je ne mange pas beaucoup; souvent, oui, mais jamais assez pour me sentir lourde. D'ailleurs, manger en petites quantités procure au corps encore plus d'énergie (et apparemment, est aussi l'idéal pour vivre en santé, longtemps), plutôt que de manger de gros repas. Par contre, je peux manger beaucoup de légumes, une montagne, même; cela ne m'alourdit pas. Rien dans mon alimentation ne me fait mal sentir, et je ne m'endors jamais après un repas. En tournée, au théâtre, tous mangeaient de la viande et voulaient ou devaient directement faire la sieste après. Pas moi. Certains maîtres indiens préconisent même une journée par semaine sans aliments solides, dans le but de donner un temps de repos à son système digestif, ce qui me semble logique... De le faire aussi fréquemment serait difficile pour moi, mais pourquoi ne pas l'essayer une fois de temps en temps?

Le matin, je prends donc un à deux jus de fruits frais, faits maison. Je peux aussi y inclure des légumes comme des carottes ou des betteraves. Pour quelqu'un qui souhaiterait manger autre chose au petit déjeuner, il est recommandé de respecter un délai raisonnable entre le jus et les autres aliments. Évidemment, on essaie de manger le plus frais possible, mais comme on le sait, au Québec, cela n'est pas toujours évident. Nous congelons donc nos fraises et nos framboises de la ferme biologique lorsqu'elles sont en saison, puis nous nous en servons presque quotidiennement, été comme hiver. Pour un effet énergisant, j'y ajoute des herbes, du vert (des épinards entre autres). Nous adorons l'herbe de blé (intéressante en termes de nutriments) et il est très facile d'en faire pousser : on fait germer le blé, on met les germinations en terre, puis ça pousse à vue d'œil. C'est sucré et c'est bon. En fait, toutes les pousses sont agréables et faciles à produire. J'en cultive trois sortes différentes à la fois et trois jours plus tard, nous pouvons déjà les manger ou les boire, à jeun pour un effet purifiant. C'est vivant, c'est cru, c'est hyper nourrissant. J'éprouve un grand bonheur à en offrir à mes enfants, à savoir qu'ils consomment tout ce dont ils ont besoin. Les chevaux, comme bien d'autres animaux à la force remarquable, se nourrissent d'herbe, c'est tout dire !

Éviter la viande

Je suis végétarienne, je ne mange donc pas de viande. Mon amoureux, lui, en mange quelques fois par mois, mais beaucoup moins qu'avant. Je le souligne puisqu'il n'y a pas si longtemps, il ne pouvait envisager d'aucune façon la vie sans viande. Chez lui, comme chez plusieurs hommes, force, vitalité et endurance sont synonymes de protéines animales. Il découvre aujourd'hui que cela est faux et qu'il existe un bon nombre de substituts qui le mènent à des niveaux d'énergie aussi élevés, sinon davantage. Et lorsqu'il mange de la viande, la sieste suit son repas, automatiquement. Force est d'admettre qu'elle est, de loin, l'aliment le plus long et le plus difficile à digérer, alors qu'il faut plutôt tenter d'offrir des temps de repos à notre système digestif. La santé passe aussi par la digestion. Je comprends que l'on puisse être carnivore, mais il serait avisé de réévaluer ses habitudes. Sa consommation exagérée, en plus d'être nocive pour la santé, est malsaine pour la planète. On réalise également qu'il n'est pas nécessaire d'en consommer autant qu'il y a deux générations (alors que les ressources étaient limitées et que le train de vie était tout autre, tellement plus physique qu'aujourd'hui). En fait, alors qu'on croyait, autrefois, que la viande était essentielle, on réalise plus facilement aujourd'hui que ses effets sur la santé peuvent être nuisibles, voire dévastateurs, et ce, même pour un homme grand, fort et costaud.

En diminuant graduellement votre consommation de viande, vous serez agréablement surpris de votre bien-être, de votre vitalité et de votre énergie. Les débuts sont même excitants ! On se sent moins lourd, plus jeune, on dort mieux et on se réveille en meilleure forme. Il y a un plaisir fou à tenter d'amorcer un tel changement; en plus, l'essayer ne comporte aucun risque. Puis si vous vous apercevez que ce nouveau régime vous convient, vous pourrez même l'adopter! Quoi qu'il en soit, sachez que la qualité des aliments que vous consommez peut faire une grande différence. Les aliments nutritifs sont plus performants donc à prendre en moins grande quantité. Pour ma part, je préfère couper ailleurs que dans notre nourriture. Aussi, je tiens à mentionner que la viande blanche se digère plus facilement que la rouge. Il est également important de se questionner sur le style de vie qu'ont eu les animaux avant de se retrouver dans notre assiette. Sans vouloir faire de sensationnalisme, cela m'a attristée de voir, dans certains documentaires, des poulets et des bœufs grossir tellement rapidement que leurs pattes n'avaient pas le temps de s'adapter adéquatement à leur poids et donc, de supporter leur corps. Quel spectacle effroyable! Manger des légumes plutôt que de la viande, énergise; c'est de la fausse publicité de dire aux gens qu'ils doivent absolument en manger. Notre corps n'a pas besoin de tant de protéines, non plus. D'ailleurs, il semblerait que le moment où nous en avons le plus besoin est lorsque nous sommes bébé, et le lait de maman est nettement suffisant. Selon moi, cela donne un message clair.

Les carnivores de mon entourage me pressent constamment d'aller passer des tests d'anémie, parce que je suis végétarienne, alors que je n'ai jamais eu de problèmes reliés à mon alimentation. Je mange quelques noix et légumineuses, mais pas en si grande quantité. Je mange surtout des fruits, des légumes, des céréales et des grains entiers, et je ne manque de rien. J'ai aussi enfanté et mes bébés sont dotés d'une stature, d'une forme physique et d'une acuité intellectuelle plus qu'adéquates. Je ne me suis jamais sentie lourde, je dors comme un bébé et je ne traîne pas de masse déplaisante sur moi. Je crois qu'aujourd'hui, nous avons envie de développer notre niveau d'énergie et de vitalité maximale. En plus, une bonne alimentation nous aide à rester jeune. Nous ne voulons pas monopoliser notre corps pour qu'il digère de la viande, nous voulons plutôt qu'il ait de l'énergie pour autre chose, pour bouger et pour jouer. D'autant plus qu'il est crucial de garder nos artères libres.

Et les poissons, me demanderez-vous ? Même eux ne sont plus ce qu'ils étaient. J'adorais, avant, en manger, maintenant je ne les trouve plus bons. J'ai l'impression qu'ils goûtent tous la même chose et qu'ils sont trop gras. J'imagine très bien les élevages (où les poissons ne peuvent plus bouger tellement ils sont nombreux à engraisser sur place et dans leurs excréments), puisque nos fonds marins se sont appauvris. Une situation pour le moins alarmante. Néanmoins, le poisson, même pour moi, s'avère un aliment de choix. Il faut toutefois se le procurer dans des endroits spécialisés et s'assurer de sa qualité, ainsi que de sa provenance, avant de le consommer. Il serait aussi souhaitable que l'on respecte la saison-nalité pour consommer et pêcher chaque espèce afin de favoriser sa survie. Un poissonnier consciencieux vous communiquera ces informations.

Comme je le mentionnais précédemment, il vaut la peine de visionner un film ou deux sur le sujet afin de constater ce que l'on fait réellement subir à nos terres et nos océans. Il y a deux ou trois ans, j'ai vu le documentaire *Sharkwater*[21], dans lequel on affirme que le requin est un animal pacifique lorsqu'il n'est pas menacé. Leur pêche cruelle (pour leurs ailerons) est interdite, mais pourtant, on la pratique sans scrupules et à grand déploiement, vidant les fonds marins et causant des dommages irréparables. Malheureusement, c'est un autre sujet qui néces-siterait qu'on s'y attarde, mais plusieurs livres y font déjà réfé-rence. Je mentionne les requins parce que cette espèce, comme plusieurs autres, est en danger. Ils font partie de la chaîne depuis très longtemps (plus que nous) et s'ils venaient à disparaître,

---

21   *Sharkwater*: documentaire canadien qui dénonce la pratique du *shark finning*, réalisé par Rob Stewart en 2006.

cela occasionnerait nécessairement des impacts majeurs sur les hommes ; même chose pour les abeilles et pour tellement d'autres espèces. Pour la pêche de masse, d'immenses filets sont utilisés, qui ramassent tout sur leur passage, ne laissant plus rien derrière eux, vidant ainsi la mer de ses ressources. Les poissons que nous consommons ne sont donc plus les mêmes qu'autrefois.

Le soya est maintenant cultivé de la même manière que le maïs. Tout est devenu génétiquement modifié. Je le vois très bien chez moi. Notre maison est entourée de champs de monoculture et lorsqu'il y a arrosage des terres, nous fermons les fenêtres et quittons la maison. La vision de cet immense appareil venant déverser son poison est comme celle d'un monstre dans un cauchemar ! La végétation autour des champs, en contact avec ces pesticides, est brûlée. Le maïs, quant à lui, survit, car il a été traité pour pouvoir faire face à ce poison. Puis, nous nous alimentons de ce produit génétiquement modifié… Cela fait peur quand on y pense. Si nous ne le mangeons pas directement, nous mangeons les animaux qui s'en nourrissent. Ces bêtes ne sont d'ailleurs pas naturellement constituées pour s'en nourrir. Aujourd'hui, on pense qu'environ 80 %[22] de ce que l'on mange contient du maïs.

Une fois bien informés, rares sont les gens qui veulent continuer de consommer de la viande au même rythme ; ou alors, ils veulent celle d'animaux bien traités, qui n'ont pas reçu d'hormones de croissance entre autres.

Je vis peut-être dans un monde idéal et bien confortable, mais tout est quand même fait d'énergie et tout est relié. Veut-on manger un animal qui vit dans la noirceur, qui ne peut pas marcher et dont on ne respecte pas la nature ? La viande que nous donnons à nos enfants ne devrait pas avoir été javellisée non plus !

---

22   *Food Inc.*, documentaire de 2008, réalisé par Robert Kenner.

Aujourd'hui, l'alternative la plus saine et «sécuritaire» est d'opter pour les fruits et les légumes biologiques et de connaître la provenance des aliments que l'on consomme. Manger bio et sainement est abordable, si l'on considère que la santé n'a pas de prix. Les antibiotiques n'ont plus d'effets sur certains enfants qui en ingèrent trop, malgré eux, en mangeant entre autres de la viande commerciale. Notre corps est maintenant contaminé par une tonne de produits de synthèse, il nous faut donc contrôler ce que nous sommes en mesure de contrôler. Cela étant dit, se gâter et aimer nos moments à la table passent aussi par la crème glacée! On ne s'empêche pas d'en manger.

> **Dans le fond, tout ce qui nous rend heureux est essentiel. Le bonheur et le rire valent bien des repas santé.**

Dans le fond, il faut couper graduellement ce qui n'est pas bon pour nous, mais on se garde aussi des péchés mignons qu'on savoure sans se culpabiliser. Tout ce qui nous rend heureux est essentiel. Le bonheur et le rire valent bien des repas santé. Par exemple, les bonbons font du bien (en très petite quantité comprenons-nous bien, quelques-uns suffisent)! Je ne suis absolument pas contre le fait que l'on en mange, si l'on ne va pas dans l'exagération. Ils nous rendent heureux, mon fils et moi! Le choix des friandises est un merveilleux moment que nous partageons. Je lisais récemment un article sur le bonheur, dans lequel on relatait que les Suédois[23] figuraient dans les premiers rangs des indices au bonheur, et une des caractéristiques de ce peuple est qu'il est friand de bonbons. En ce qui concerne les autres sucreries, nous préférons, à la maison, le chocolat noir et le yogourt. Lorsque l'on initie les enfants aux bonnes choses dès le départ, ils y prennent facilement goût. J'ai connu une époque où je me nourrissais de sucre dès le matin (en tarte!). Aujourd'hui,

---

23   www.linternaute.com/actualite/monde/bonheur-monde/bonheur-suede.shtml

cet aliment, sous sa forme raffinée, est quasiment absent de mon régime alimentaire. Si par gourmandise j'en consomme, je suis toujours étonnée de voir la fatigue s'emparer de moi instantanément. Aussi, je prends deux cafés allongés le matin, incapable d'en prendre un troisième, alors qu'auparavant, je pouvais en prendre quinze en une journée ! J'ai déjà coupé le café pendant quelques mois et lorsque j'ai recommencé à en boire, je me suis rendu compte que c'était une drogue puissante, mais une drogue que j'aime (et qui n'altère pas mon comportement) ! Lorsque j'ai repris mon premier espresso après quelques mois d'abstinence volontaire, il m'a rendu tellement heureuse ! Il a puissamment contré toute déprime qui aurait alors voulu se pointer. Il m'a littéralement allumée et a rendu mon esprit vif. Je me suis également abstenue de prendre du sucre pendant environ un an, ce qui ne fut vraiment pas facile pour moi, mais me fit le plus grand bien. Ce sont toutes de belles cures à faire, particulièrement pour se rendre compte à quel point ces « aliments » nous affectent.

Revenons donc à notre salade (d'un mélange d'au moins cinq légumes), qui nous rend aussi heureux parce qu'elle nous procure de l'énergie et se digère vite et bien. Nous nous en préparons de belles grosses, avec nos légumes biologiques, qui varient selon la saison, et nous la conservons dans un contenant au frigo. Ça peut sembler ennuyeux comme régime de vie, mais rien de mieux pour changer son niveau d'énergie ! Nous varions en ajoutant quelques légumes chauds, des germinations, des grains et des noix. Ce n'est pas plus compliqué que cela !

Notre corps nous parle et il faut l'écouter ; surtout enceinte et durant l'allaitement. Il ne faut pas aller contre ce que nous sommes, car il est possible que notre corps ait des besoins différents au fil du temps et des saisons.

« Superaliments » verts

Si nous voulons du changement et nous souhaitons avoir plus d'énergie, réduire sa consommation de viande fait une grosse différence, de même que si on la remplace par des salades, des noix et des légumineuses. Les bienfaits des légumes sont bien connus : ils fournissent au corps des minéraux et des vitamines, et se digèrent facilement, tout en jouant un rôle important dans la prévention des maladies. Depuis une quinzaine d'années, j'ajoute des *greens* à mon alimentation. Ces superaliments verts se présentent sous la forme d'une poudre, composée de pollen d'abeilles, de différentes algues, de pousses, de champignons, etc. J'adore ça et ma famille aussi. Nous les mélangeons à nos jus du matin. Même chose pour l'herbe de blé, en poudre ou en pousses. En anglais, ces aliments sont appelés des *superfoods* ; ce sont des aliments vivifiants et suffisants, ils nous donnent de l'énergie et nous aident à digérer. Imaginez toute cette énergie perdue à digérer continuellement, alors qu'elle pourrait être tellement mieux utilisée. Privilégions donc ce qui facilite notre digestion.

De bonnes habitudes de vie

À tous ces petits «secrets» de vitalité se greffent évidemment aussi de bonnes habitudes de vie. Je ne bois pas, ne fume pas et je me couche toujours avant minuit. Depuis que mon premier enfant est né, je me couche même avant 10 heures le soir.

Rire

De tout, de soi, le plus souvent possible, se regarder et se sourire aussi ; pour des journées de bonheur. C'est aussi un excellent moyen de resplendir.

Transpirer

Une autre bonne façon de se «détoxifier» est de transpirer. Cela peut évidemment se faire en pratiquant une activité physique, mais à l'occasion, le bain vapeur ou le sauna peuvent s'avérer très utiles, en plus d'être agréables. Nous sommes inondés de toxines que nous devons éliminer. Le sauna à infrarouge n'émet pas de chaleur épuisante, mais plutôt une chaleur sèche, et lorsqu'on en ressort, on se sent vraiment rajeuni. Idéalement, on peut passer, dans ce type de sauna, une quarantaine de minutes, mais vingt, fait déjà un bien fou. D'autres pratiqueront le yoga dans un endroit chaud... Tout pour suer !

Un bain de sel peut aussi aider à chasser les toxines : moins de toxines égale moins de fatigue. Avec l'arrivée de bébé, il faut s'organiser autrement ; on peut alors rester à la maison et faire ses exercices avec lui. Comme je le mentionnais plus haut, j'ai installé mon tapis de yoga dans sa chambre et j'ai fait mes étirements à ses côtés. Maintenant, je fais aussi mes exercices en le gardant dans mes bras : c'est un «poids» supplémentaire parfait pour les *squats*, par exemple, et la danse.

Pour ceux qui ne font pas beaucoup d'exercice, marcher fait tellement de bien, et les enfants adorent cela. C'est un plaisir merveilleux. Vive les grandes marches avec eux, où l'on se parle de tout, de rien ; ou seul, à contempler, à être dehors, à respirer l'air frais, à laisser la nature nous faire du bien.

Rechercher le calme et la paix

Pour atteindre la santé, je recherche le bien-être, la paix et le calme ; un état que je chérissais, enceinte, alors que je me coupais de tout ce qui n'était pas naturel. Par ailleurs, je réalise que je suis stressée lorsque je n'arrive plus à rire de mes problèmes, et je réajuste le tir.

À la maison, autant que possible, nous tentons de limiter l'utilisation de la télévision ; nous ne sommes donc pas bombardés d'un flux continuel de nouvelles d'actualité, de toute façon négatives pour la grande majorité. Je favorise une ambiance relaxante qui apaise les sens... ils sont ainsi stimulés !

C'est souvent en état de parfaite détente que les meilleures idées nous viennent (tous les moyens sont bons, du massage à la relaxation) ; et les idées sont faites pour être réalisées.

Retrouver sa nature... dans la nature

Le contact avec la nature est essentiel pour l'équilibre et on devrait tenter de s'y retrouver le plus souvent possible. Lorsqu'on se trouve au centre de celle-ci, l'énergie circule et le stress s'évanouit. La nature est belle. Elle ressource notre âme littéralement. Elle nous nettoie. Il n'y a rien d'égal à une promenade en forêt pour nous revitaliser, mais deux coins de rue dans le vent peuvent en faire tout autant.

La nature offre tellement. Il suffit d'en profiter, pour son plus grand bien ; et y retourner le plus souvent possible, pour sentir l'air, la pluie, l'herbe... Marcher pieds nus dans la rosée est tellement sublime. Les Montréalais, par exemple, possèdent un joyau, le mont Royal, qui est pourtant parfois oublié. Une multitude de parcs nationaux existent. À vous de sélectionner le vôtre et d'en jouir. Selon moi, nul besoin de posséder une maison secondaire. Dans la nature, on joue, on s'évade et on respire. Lorsque j'ai quitté Montréal, j'ai eu la chance d'aller vivre au lac Champlain. Je devais faire une petite marche pour aller chercher mon courrier. En été, je la faisais pieds nus. C'est à cette période-là que j'ai redécouvert la nature et une façon de vivre qui me remplit. Qu'il est bon de reprendre contact avec l'herbe, les étoiles, l'horizon...

Se déconnecter du reste du monde est aussi très bénéfique. Tous ces appareils sans fil peuvent être fort utiles, mais les éteindre de temps à autre l'est tout autant. Ces communications incessantes nous éloignent du bonheur. Il est faux de croire que l'on respire et que l'on est conscient de soi et de son entourage devant un écran, c'est plutôt le contraire. Pour les enfants, on devrait cesser d'investir dans des jeux, qui ne durent pas, de toute façon, au profit d'aller bouger avec eux à l'extérieur. Jouer à la balle avec le chien dans la neige, durant l'hiver, ou simplement être dans la nature à ne rien faire, c'est le parfait bonheur. À quand remonte la dernière fois où vous vous êtes assis dans l'herbe ?

Bien sûr, il ne s'agit pas nécessairement que de vivre en nature. Campagne ne rime pas toujours avec santé. Une attitude positive doit accompagner le déplacement vers la nature. Par contre, force est d'admettre que la dépression est apparue en plus grand nombre lorsque l'homme a migré vers les villes. Les animaux démontrent d'ailleurs des signes de ces mêmes maladies lorsqu'on les enferme dans des zoos.

On tend parfois à oublier à quel point la nature fait du bien : comme un bain qui lave nos états d'âme, nous apaise et nous redonne de l'énergie pour nous permettre de nous épanouir. Très souvent, en été, je mets une couverture sur le gazon et m'y assieds avec mon amoureux et nos enfants ; c'est tellement extraordinaire et pourtant, si simple. N'importe quel coin de verdure nous remplit de bonheur. Lorsque nous allons voir notre aîné jouer au soccer et que, assis sur l'herbe, nous le regardons courir, nous ressentons cette même joie.

Étirements, danse, bonne posture, eau à profusion, bonnes respirations, alimentation saine et présence de la nature ; voilà pour moi les éléments clés d'une vie en santé.

On ne revient jamais vidé d'une balade en forêt. Il faudrait donc le plus souvent possible respirer le bon air, sentir le vent et écouter les oiseaux chanter ; tout cela est très énergisant.

Étirements, danse, bonne posture, eau à profusion, bonnes respirations, alimentation saine et présence de la nature ; voilà pour moi les éléments clés d'une vie en santé. C'est d'ailleurs une priorité pour ma famille et moi, et, à ce chapitre, je ne veux que ce qu'il y a de mieux pour mes enfants. La santé est essentielle au bonheur et donne la possibilité de réaliser de grandes choses.

En résumé :
voici ma routine quotidienne pour atteindre
un maximum d'énergie (et un minimum de toxines)

- Le matin : respirer, s'étirer, danser ;
  Note : Je crois vraiment qu'il est possible de rajeunir.
  J'ai vu certaines personnes de mon entourage cesser de
  vieillir, vivre des miracles sur le plan physique et gagner
  en beauté et en vitalité ; c'est ce que j'essaie de faire, moi
  aussi. Même si je ne dors pas beaucoup, présentement,
  je suis convaincue qu'on peut y arriver. Du moins, je ne
  perds rien à le visualiser. Si j'échoue et que je n'arrive qu'à
  diminuer mon état de vieillissement, je n'aurai alors pas
  tout perdu. Il n'y a rien d'alarmant à vieillir, mais il n'y a
  pas de presse, alors pourquoi ne pas le faire dans un état
  de grâce ?

- boire de l'eau, puis s'en tenir, le plus possible, aux fruits
  et aux herbes, au réveil ;

- garder une bonne posture en tout temps ;
- manger moins (mais plus souvent) et dans la mesure du
  possible éviter les viandes ;

- bien dormir, rire, transpirer ;

- être en contact avec la nature ;

- être calme et en paix, et surtout, laisser l'anxiété de côté.
  Il faut l'éloigner au maximum de notre vie et de notre
  quotidien, car rien n'est plus dévastateur et meurtrier
  que cet état d'être. Des livres complets en ont d'ailleurs traité. De grâce, éliminez le stress de votre vie !
  Quelqu'un m'a déjà dit que de faire de l'anxiété, c'est
  un peu comme payer des intérêts à l'avance sur un prêt
  que l'on n'aura peut-être jamais à rembourser... Cette
  simple phrase m'a aidée à me libérer.

CHAPITRE 8
VERT ET LIBERTÉ

« Nul besoin de faire de la Terre un paradis : elle en est un.
À nous de nous adapter pour l'habiter. »
Henry Miller (1891-1980)

Voici un chapitre à l'esprit californien, une réflexion personnelle qui s'adresse à ceux qui, comme moi, sont mordus du vert. Je vous parle de gestes qui m'éveillent. Ma motivation première pour accomplir tous ces actes n'est pas de sauver le monde, mais plutôt d'offrir à ma famille un environnement apaisant où il fait bon vivre et où nous pouvons être heureux et en santé ; en harmonie avec ce qui nous entoure, tout simplement.

Sauver et prendre soin ; le bonheur, c'est apprécier ce qu'on a

La consommation est destructrice en plus d'être une perte de temps… et d'argent. (Ça commence bien !) Le calme est tellement apaisant et libérateur, alors que l'encombrement est totalement énervant et fatigant.

- Principe n° 1 : nous devrions nous procurer que ce dont nous avons réellement besoin.
- Principe n° 2 : nous devrions donner tout ce que nous n'utilisons pas.
- Principe n° 3 : nous devons nous libérer, si nous voulons de la nouveauté !

Ceci étant dit, notre vie peut être tout à fait remplie en restant dans notre jardin. Elle est d'ailleurs trop courte pour ne pas la savourer. À force de se créer des besoins dans les magasins, on ne se rend pas compte à quel point on passe à côté de la vraie vie : celle avec sa famille, ses amis. J'ai l'impression que nous sommes désormais programmés pour consommer et que c'est malheureusement inscrit dans notre mode de vie. Nous sommes tellement attirés par la consommation que cela vient même à nous « manquer », comme pour une dépendance. Pourtant, cette surconsommation est vide, les « bons » effets sont momentanés et les mauvais, nombreux !

Je regarde tout cela avec du recul, et j'essaie de consommer autrement, voire de façon réfléchie. De récents reportages confirment que nous sommes champions dans le « gaspillage » : chaque année, nous jetons entre 30 et 40 % de l'alimentation disponible[24]. Les causes sont, entre autres choses, le peu de risque que les distributeurs prennent avec les dates de péremption, les aliments qui ne sont pas visuellement parfaits, les pertes lors du transport et de la transformation, etc. Sur le plan mondial, un quart de la nourriture produite est jetée sans avoir été consommée, pendant que 13 % de la population mondiale souffre de sous-alimentation[25].

Si nous prenons le temps d'évaluer nos besoins avant de consommer, nous épargnerons de l'énergie et de l'argent en plus de gagner du temps...

Tout cela n'a aucun sens ! Si nous prenons le temps d'évaluer nos besoins avant de consommer, nous épargnerons de l'énergie et de l'argent en plus de gagner du temps... Un couple de comptables de New York a écrit un ouvrage exceptionnel qui traite de la simplicité volontaire[26]. Quel livre merveilleux et inspirant ! Il nous conscientise sur

24 www.plosone.org/article/info%3Adoi%2F10.1371%2Fjournal.pone.0007940
25 www.planetoscope.com/ et http://www.econologie.com/forums/observatoire-de-la-consommation-durable-vt9574.html
26 *No Impact Man*, Colin Beavan, Éditions 10/18, avril 2011.

les coûts de consommation en termes d'heures travaillées, associées à nos activités et à l'acquisition de chacune de nos possessions. L'exercice est extraordinaire et terrifiant à la fois. Lorsque certains réalisent qu'ils doivent travailler une demi-journée de leur vie par semaine pour fumer, par exemple, ou pour s'acheter une maison plus grosse que celle du voisin, des changements draconiens peuvent survenir. Cette journée travaillée pour se payer des cigarettes pourrait être passée à la campagne, avec les enfants, ou à vaquer à toute autre activité plus constructive. Ce couple a presque tout laissé dans le but de se libérer. L'exercice dont il est question dans leur livre est source de bonheur : écrire pendant un an (évidemment, on peut le faire durant un mois et projeter les résultats sur l'année) chaque sou dépensé et tout regrouper par catégorie (timbres, magazines, auto, loyer, etc.). On peut alors diviser les coûts de chaque groupe de dépense par notre salaire horaire et savoir exactement ce que chacun d'eux représente en termes d'heures travaillées. La valeur des choses devient alors drôlement plus tangible. On est ainsi en mesure de savoir si l'on préfère un abonnement à certains magazines ou deux journées de congé supplémentaires. L'achat d'une telle robe en vaut-il la peine ? Et ainsi de suite. Certains ont la possibilité de diminuer leur temps au travail et de faire des choix. Une personne qui possédait une grande flexibilité au travail a fait l'exercice et s'est retrouvée, la première année, avec trois mois de vacances supplémentaires, puis la deuxième année, encore davantage.

D'où nous vient donc tout ce désordre humain ? Je suis bien consciente que de nos jours, nous n'avons pas le choix de conserver certaines denrées, de nous constituer une certaine sécurité, de prévoir les coups durs et une retraite, mais n'exagérons-nous pas ? Cent cinquante ans de réserve ne sont sûrement pas nécessaires ! On se crée des besoins et des fausses idées au lieu de vivre le moment présent. Arrêtons de reporter notre plaisir et nos projets à plus tard, car nous passerons ainsi certainement à côté du bonheur.

Jouir de ce qu'on a est tellement simple, plutôt que de désirer ce qu'on ne possède pas. Aimer, apprécier et remercier attirent l'abondance. Toujours acheter nous enlève l'intérêt pour ce que nous possédons et nous éloigne de l'essentiel.

Tout est dans le soin que nous portons à nos biens, dans le temps investi et l'amour donné (le souci de la présentation en fait partie). De plus, créer ainsi à partir de ce que nous possédons déjà valorise et engendre un sentiment de plénitude. La vie passe par la création. Personnellement, lorsque je crée et que je m'applique, je me sens bien, je me sens heureuse. Consommer n'a rien de positif à long terme.

Il serait préférable de jeter le moins possible, et de chérir ce que l'on a à l'instar de San Francisco qui récupère 80 % de ses déchets sans se «péter les bretelles», car l'objectif est de 100 % et fait l'objet d'une loi.

Consommer crée un vide (à grande échelle), alors que prendre soin et préserver comble

Dans le même ordre d'idée, j'aime le vieux bois. Depuis que j'habite une maison bicentenaire, j'ai recyclé de nombreuses vieilles portes pour m'en faire des meubles. Récemment, j'ai également récupéré le bois d'une vieille grange que l'un de mes voisins s'apprêtait à démolir. Je l'utiliserai pour en fabriquer une nouvelle avec aussi de vieilles fenêtres et portes trouvées çà et là, des planches qui ont connu d'autres vies, et un escalier de meunier d'autrefois. Mes meubles sont, pour la plupart, des antiquités ou faits à partir d'armoires usagées. De la même façon, au lieu d'abandonner et de remplacer l'ancien poulailler délabré sur mon terrain, j'ai investi pour le remettre sur pied. Ainsi, un coin de jardin oublié a repris vie et le visiter me remplit maintenant de fierté et de plénitude.

Toujours dans l'optique de sauver, adopter des animaux abandonnés est un geste très valorisant. J'évite, personnellement, les animaleries et les «usines à chiots»; il y a trop d'abus et d'animaux mal soignés. J'encourage donc les gens à «récupérer» ces petites bêtes par les petites annonces, la SPCA ou encore la fourrière. J'y suis allée pour notre chien, nos chats et notre lapin. En les recueillant, ils évitent l'euthanasie et vous le rendront bien.

Prenons soin de nos animaux et de nos biens, revisitons et réutilisons les ressources existantes. L'abondance se trouve autour de nous, pas dans les grandes surfaces. Durant les premiers mois de vie de notre bébé, j'ai tenté d'y aller le moins souvent possible (pour ne pas le soumettre aux néons et à l'air stagnant… on comprend que je suis un peu extrême!). Nous n'avons manqué de rien pour autant et je n'ai eu besoin de rien. C'est la présence de nos êtres chers qui nous remplit, sans plus, sans ordinateur à portée de main, sans pensée étourdissante.

Être heureux, c'est aimer ce que l'on a: le respecter, l'honorer. Le bonheur de chacun dépend aussi de sa façon de voir la vie. On peut l'aborder de façon positive, croire que tout arrive

> **Le bonheur de chacun dépend aussi de sa façon de voir la vie.**

pour une raison, faire confiance, remercier, apprécier. L'écart entre consommer et honorer est énorme; le premier ne mène nulle part, le deuxième est amour qui nous dépasse et nous transporte. Le bonheur, ce n'est donc pas d'investir, mais plutôt de s'investir dans ce que l'on fait (bien faire ce que l'on entreprend fait toute la différence) et dans ce que l'on a…

Vive les ventes-débarras!

Acheter d'occasion est aussi une façon simple de réinvestir dans notre patrimoine, en plus d'épargner. Alors, si on a le choix, plutôt que de travailler de longues heures pour se payer du superflu, nous pouvons peut-être choisir de travailler moins, de faire avec ce que nous avons, de réutiliser et recycler; cela est bon pour la terre, mais aussi, et surtout, pour la famille.

Se procurer des objets d'occasion est une manière de se gâter et de gâter les enfants à peu de frais. Mon grand et moi appelons les ventes-débarras nos chasses aux trésors. Il adore ça! Il apporte les sous qu'il a gagnés et il négocie auprès des vendeurs. Lors d'une de nos chasses, il était très content de se trouver une table de jeux. Nous l'avons installée dans la grange, une fois libérée de quelques vélos que nous avons redonnés à un centre qui redistribue les biens reçus aux moins favorisés. Je redonne constamment, mais jamais aux poubelles! Je trouve toujours à qui profitera ce dont je ne me sers plus. Les moines tibétains considèrent qu'il est péché de conserver un bien qu'on n'utilise pas et qui pourrait servir à quelqu'un d'autre. De toute façon, je n'aime pas non plus que les choses s'empilent et nous encombrent. Notre environnement est donc sain et à notre goût.

J'adore l'ambiance des ventes-débarras : tout le monde se parle, tout le monde semble heureux. Les uns font des sous ; les autres, des trouvailles. J'aime trouver de belles lampes, des jouets anciens, des antiquités et surtout, des livres. Je suis une amoureuse des vieux livres. J'ai récemment déniché des romans de Jules Verne, la série *Heidi* et *Les Aventures de Tom Sawyer* datant des années 1940.

Ce qui m'attire aussi vers l'achat de biens usagés, c'est l'absence d'emballage et le fait que les objets sont constamment en circulation. Nous arrivons même parfois à trouver des vêtements et des accessoires pour bébé qui nous conviennent parfaitement : propres, à notre goût et en excellent état. J'ai réussi à tout me procurer, jusqu'aux plus petits accessoires, de cette façon excitante pour l'arrivée de notre deuxième enfant. Et de découverte en découverte, nous sommes toujours heureux de nos trouvailles. Rien ne se perd, tout circule et tout est utilisé à bon escient.

À la naissance de mon cadet, une amie m'a offert des vêtements et quelques jouets de son fils dans un panier en osier.

Quelle bonne idée ! Quant à moi, cela devrait être mode courant d'offrir des biens déjà utilisés, de ne pas les emballer et de plutôt préférer les présenter de manière attrayante. C'est comme si une partie de mon amie et de son fils était constamment avec nous.

Une fois nettoyés, les objets usagés redeviennent, pour la plupart, parfaits, mais sans poison, contrairement aux jouets neufs, souvent recouverts d'une couche de « toxique » qu'on ne souhaite pas que nos enfants se mettent en bouche.

Et tel un lutin du père Noël, les nuits avant cette fête, je les passe à aseptiser (à l'aide de quelques gouttes de thym dans mon eau savonneuse) et à embellir mes trouvailles. Pour mes enfants, jamais de jouets neufs.

Nettoyer sans s'intoxiquer

Il existe d'autres huiles essentielles que le thym pour désinfecter : le *tea tree*, par exemple, en est une peu dispendieuse qui parvient à neutraliser et à détruire une multitude de bactéries et de champignons qui peuplent nos planchers, nos comptoirs, nos lavabos et nos accessoires divers.

Petite parenthèse, je ne suis pas obsédée par la stérilisation de tout et pour tout. Je comprends que nous devions être en présence de certains microbes pour entraîner notre système immunitaire. Pour la salle de bain, les endroits propices à la prolifération de bactéries ou les objets à désinfecter (le tapis de yoga, par exemple), j'ajoute quelques gouttes d'un mélange de cinq agrumes à de l'eau ou de l'alcool, puis je vaporise. Ce mélange est toutefois très puissant, on doit donc prendre garde à ne pas altérer les surfaces. En plus, en préparant ces puissants nettoyants soi-même, on réalise des économies, sans compter que cela est une activité très satisfaisante et enivrante. Il suffit simplement de varier les parfums au gré de nos humeurs. Aussi, les enfants adoreront jouer aux chimistes.

Pour nettoyer et désinfecter, le vinaigre, la « petite vache » (bicarbonate de soude), le savon à vaisselle et les huiles essentielles constituent principalement ma trousse de nettoyage à la maison. Je saupoudre un peu de «petite vache» sur la cuisinière, dans l'évier de porcelaine ou dans le bain, puis je frotte avec une éponge à vaisselle. Nos enfants se lavent dans le bain, on ne peut donc pas y mettre n'importe quel produit! Pour les planchers, j'utilise le vinaigre et j'ajoute quelques gouttes d'huiles essentielles citronnées à mon eau de lavage. Dans la cuvette et les drains, je mets du vinaigre et de la «petite vache»; ces deux ingrédients combinés ensemble sont miraculeux pour déboucher les tuyaux. Ils sont aussi une bonne combinaison pour concocter des potions magiques avec les enfants.

Quelques idées pour les extrémistes: les huiles essentielles partout et pour tout

J'utilise les huiles essentielles pour nos soins d'hygiène, de beauté, de santé et aussi, pour créer de belles ambiances. Je les ai découvertes lorsque j'étais enceinte de mon premier enfant. À l'époque, je recevais des soins corporels d'une véritable magicienne qui m'a appris à faire mes propres crèmes et c'est aussi d'elle que je tiens ma routine beauté.

Entrer dans l'univers des huiles essentielles nous donne envie de toutes les découvrir. Puis pour quelqu'un qui y est sensible, concocter des «potions» avec elles est euphorisant, leurs parfums sont littéralement enivrants. Leurs multiples vertus ne sont pas que cosmétiques, elles ont également démontré leurs bienfaits sur le plan de la santé.

Je compose mes crèmes d'huiles végétales (rose musquée, onagre, bourrache, argousier, etc.) et d'huiles essentielles: elles nourrissent, purifient et régénèrent ma peau qui les absorbe et les assimile extraordinairement bien. Je bénéficie de leurs bienfaits longtemps, puisqu'elles peuvent séjourner dans le corps jusqu'à trois jours.

Depuis que je les utilise régulièrement, je me méfie des produits chimiques de certains cosmétiques, déodorants, etc. De la même façon que lorsque j'allaite, je ne porte ni parfum ni vernis à ongles dans lesquels se trouvent des produits indésirables pour nos petits et qui pourraient mettre à risque leur fertilité (je veux des petits-enfants !). Enceinte, je limitais au minimum l'utilisation des produits de tous les jours non naturels, et depuis la naissance de mes enfants, je tente de m'assurer qu'ils n'ingèrent rien de toxique (ou dérivé de l'industrie pétrochimique) ; du moins, ce que je peux contrôler. J'évite également d'utiliser des produits non organiques, pour ce qui entre en contact avec mon corps. Je me sers des huiles pour fabriquer des crèmes et des parfums. J'en concocte un, d'ailleurs, pour mon plus vieux, conçu avec de l'eau et de l'huile essentielle de néroli, aussi appelé fleur d'oranger. Enceinte, j'en appliquais sur mon ventre (mélangé avec d'autres huiles) pour aider ma peau à garder sa souplesse. On dit que les huiles, en pénétrant le corps, peuvent être senties par le fœtus. En tout cas, jusqu'à aujourd'hui, le néroli apaise beaucoup mon fils. En plus de son parfum, je lui prépare aussi de la crème corporelle à la vanille avec du beurre de karité équitable, fait par des femmes du Burkina Faso. Pour les bébés, je l'utilise seul, pour ses qualités hydratantes, assouplissantes et protectrices. J'aime soigner sans danger ma peau et celle de ma famille. Mes enfants mangent même parfois ces crèmes maison. En principe, nos produits cosmétiques devraient être comestibles, puisqu'ils sont assimilés par notre corps. D'ailleurs, il est intéressant de préciser que le beurre de karité est utilisé en Afrique pour la cuisson des aliments ainsi qu'en pâtisserie.

Je soigne aussi une foule de petits problèmes de santé avec quatre huiles essentielles : lavande, *tea tree*, menthe poivrée et eucalyptus radié (bien entendu, elles ne remplacent pas ce que la médecine traditionnelle prescrit). Elles sont faciles d'utilisation et peu dispendieuses. Elles me sont indispensables vu leurs multiples propriétés (notez bien que ceci n'est qu'un guide et que je vous conseille de consulter un professionnel en la matière pour vous renseigner sur les façons de prendre ces huiles).

Pour soigner les bobos quotidiens, j'utilise de la lavande pour les brûlures (impressionnant : ébouillantée, la lavande a déjà su m'apaiser et soigner ma blessure) et les piqûres ; de la menthe poivrée pour le mal de dos de mon amoureux ; de l'eucalyptus pour aider notre système immunitaire l'hiver ; le *tea tree* pour désinfecter. J'ai aussi une formule antigrippe efficace (que les enfants, les femmes enceintes ou allaitant ne peuvent pas prendre), qui est composée d'eucalyptus, de menthe poivrée, de romarin, de thym, d'origan et de laurier. En ce qui a trait à la coquetterie, la rose et le néroli occupent une place d'honneur, au sommet de mon palmarès.

Dans la maison, j'utilise les huiles essentielles un peu partout et pour tout. Je m'en sers aussi parfois uniquement pour répandre de bonnes odeurs (sauf l'été, car je laisse alors la place aux lilas, aux tilleuls et à la lavande qui entourent la maison). En hiver, en plus d'ouvrir les fenêtres presque tous les jours pour faire entrer de l'oxygène frais, je les fais diffuser ou je les vaporise mélangées à de l'eau ou de l'alcool pour aseptiser l'air. L'eucalyptus, le sapin et même les agrumes (orange, pamplemousse, citron) sont d'excellents antiseptiques atmosphériques. Jamais je n'utiliserais les « sent-bon » commerciaux.

Enfin, j'utilise également les huiles essentielles pour soigner des plaies d'animaux (le *tea tree* surtout). D'ailleurs, l'aromathérapie est largement utilisée en médecine vétérinaire en France.

Se méfier du plastique

Il n'y a pas que les produits de beauté et ménagers commerciaux qui nous intoxiquent à petit feu ; le plastique aussi. Les phtalates (bisphénol et autres) que l'on retrouve dans les plastiques depuis plus de cinquante ans créent, entre autres choses, de nombreux problèmes d'infertilité. Les enfants de moins de un an sont ceux chez qui la concentration de ce poison est la plus élevée. Pensons seulement à la vaisselle de plastique qu'on utilise pour eux, les jouets pour leur dentition, etc. Je me demandais d'ailleurs comment j'allais faire lorsque mon fils ferait ses dents, mais je me suis vite rendu compte que les bébés peuvent facilement s'en passer.

Pour les tout-petits, il est aussi possible de se procurer des ustensiles de bois afin d'éviter ceux de plastique. Ils sont disponibles dans les magasins de produits naturels ou de santé. Je les utilise pour faire manger mon bébé. Il n'est pas nécessaire d'en avoir quinze, une seule cuillère suffit. En plus, le bois n'altère pas le goût des aliments.

Pour la cuisine, j'utilise de la vaisselle de verre. Nos contenants pour conserver les aliments sont aussi en verre, afin d'éviter les phtalates, qui se retrouvent, entre autres, dans les plastiques mous, comme les cellophanes et les sacs à sandwich. En plus, en voulant réutiliser ces plastiques mous, on aggrave la situation ; plus les plastiques sont lavés ou manipulés, moins ils sont en mesure de retenir leurs phtalates. Même chose avec les bouteilles d'eau que nous surconsommons et que nous laissons traîner au soleil toute la journée. Il est pourtant facile de trouver des contenants de verre dans des magasins à grande surface. Pour ma part, je les utilise pour tout : la conservation, la congélation, etc. Pour les lunchs, je me sers de sacs en tissu lavable. Il existe beaucoup d'informations sur les dangers associés à l'utilisation des contenants de plastique. Plusieurs suggèrent fortement de tenter de la limiter le plus possible et, surtout, d'éviter de réchauffer les repas et ceux des enfants dans de tels contenants. À noter que les gras (fromages et viandes) absorbent plus facilement les phtalates s'ils sont en contact avec ceux-ci.

En fait, il faut être prudent avec tous les produits chimiques que les enfants risquent d'absorber. Je pense, par exemple, aux assouplisseurs qui laissent une couche sur tout ce qui est lavé. Personnellement, j'utilise des tissus réutilisables comme assouplissant (que j'achète dans des magasins de produits naturels), ce qui fonctionne très bien, surtout que je ne lave pratiquement aucun tissu synthétique.

Remettre des fils!

Afin d'offrir un environnement sain à ma famille, j'ai aussi délaissé les appareils Wi-Fi. J'ai donc réinstallé tous les fils de nos appareils électroniques dans la maison pour que nous ne soyons pas entourés d'ondes. J'ai, pour cela, dû faire faire plusieurs trous… et l'ouvrier arborait un drôle de sourire. Tout d'abord, les ondes fatiguent: lorsque nous sommes assis longtemps devant un écran d'ordinateur, nous le vivons tous. Il est bon de savoir qu'en disposant certaines plantes près des appareils électroniques, cela peut aider à contrer les effets indésirables, voire purifier les lieux et combattre la «pollution» intérieure. Voici celles qui sont les plus adéquates: le cactus colonnaire est un des meilleurs pour absorber les ondes émises par les écrans et donc, en réduire notre exposition; alors que le ficus, le chrysanthème, l'aloès, le lierre et le philodendron, pour ne nommer que ceux-là, se chargeront de dépolluer l'air des produits chimiques ambiants.

Je veux éviter, autant que faire se peut, que mes enfants soient exposés à des ondes électromagnétiques; l'ordinateur a donc retrouvé son fil (la souris aussi) et j'ai rebranché un téléphone avec fil, comme à l'ancienne. Nous n'avons plus de four à micro-ondes. On revient vingt-cinq ans en arrière! Mes enfants ne parlent pas au téléphone cellulaire et j'ai moi-même cessé de l'utiliser lorsque j'étais enceinte. Oui, j'ai réussi!

Je trouve, de toute façon, vraiment ridicule d'être aussi dépendant des téléphones et de tout autre appareil électronique, vingt-quatre heures sur vingt-quatre. Ne se sent-on pas en vacances lorsqu'on les éteint enfin? À être constamment «branché», on se fait du mal sans s'en rendre compte. Et des ondes, il y en a partout. Je le ressens, personnellement, lorsque j'arrive quelque part et qu'il y en a trop. Je n'ai alors plus de patience, plus d'énergie, je me sens littéralement grise et agressée. Quand on y porte attention, on peut facilement entendre le bruit qu'elles émettent. Malheureusement, aujourd'hui, on n'a pas le choix d'être «connecté», mais je m'en éloigne lorsque cela est possible. J'ai par ailleurs proposé à l'école alternative que fréquente mon fils de laisser les fils à ces appareils.

Comment se fait-il que nous saluions les tablettes futuristes qui nous suivent et nous bombardent plus que jamais, sans que personne ne parle des effets de leurs ondes?

Des petits gestes à faire

Il existe une foule de petits gestes que nous pouvons faire afin de vivre dans un environnement plus sain et davantage en harmonie avec ce qui nous entoure. Pour commencer, il suffit de voir les choses différemment.

Pour ma part, j'aime mes pissenlits! Les poules, les lapins et les chevaux en raffolent! Qui en a fait une nuisance? Je trouve qu'ils ajoutent de la couleur à mon parterre, je ne les enlève pas. De toute façon, ils finissent par disparaître naturellement durant l'été. Je pense même que les traitements antipissenlits sont quelque peu inutiles. Je crois plutôt qu'en laissant la végétation à elle-même, elle s'équilibre.

Plusieurs espèces en voie de disparition visitent mon terrain : des rainettes, des chauves-souris et des abeilles. Je trouve que cela est un bon signe. J'aime penser qu'elles viennent parce que je laisse place à la nature, que je vis avec elle et non contre elle. Ainsi, ces espèces se sentent bien, elles peuvent vivre leur vie et «vaquer à leurs occupations» dans un habitat qui leur convient.

Parmi les petits gestes qui font la différence, je récupère l'eau de pluie à l'aide de tonneaux placés sous les gouttières. La majorité de mes vêtements sont en fibres naturelles (laine, coton, lin, etc.) plutôt qu'en fibres synthétiques, comme le polyester. De toute façon, on s'y sent tellement plus confortable! Je crois évidemment qu'il est bon de miser sur des vêtements de qualité, durables et indémodables (les accessoires font la différence). Les vêtements biologiques et équitables sont évidemment de bons choix. À ce propos, il faut savoir que les monocultures de coton sont aussi épouvantables que les monocultures de maïs ou de soya, par exemple, et que le traitement non naturel de cette plante est très néfaste aux humains et à la terre. On n'en entend pas souvent parler, et pourtant…

L'été, autant que possible, j'abandonne ma sécheuse ; je fais sécher mes vêtements sur la corde à linge. En plus d'être un geste «vert» qui m'apaise, le linge sent si bon! Il n'y a rien de mieux que de dormir dans des draps qui dégagent un effluve d'air frais. Le blanc de mes débarbouillettes n'est peut-être plus aussi blanc, parce que je n'utilise pas d'eau de javel, mais qu'importe, je sais qu'elles sont propres!

D'ailleurs, mes vêtements, au sortir du lavage, ne sentent pas la fragrance artificielle et prononcée des assouplisseurs et autres produits nettoyants. Ils ne sentent strictement rien. Je ne veux pas d'odeur artificielle sur ma peau ni sur celle de mes enfants.

Aussi, je recycle, bien évidemment. D'ailleurs, toute compagnie qui se respecte et nous respecte devrait le faire, notamment celles qui œuvrent dans le domaine du déménagement ou de l'entreposage, et qui déposent dans d'immenses boîtes de carton des contenus entiers de maisons. Malheureusement, cela n'est pas toujours le cas. L'employé d'une de ces entreprises m'a déjà répondu qu'il leur coûtait trop cher de récupérer les centaines de boîtes de carton.

Composter est aussi une excellente façon de réduire de façon substantielle le nombre de sacs à ordures envoyés au dépotoir, sans compter que cela permet d'engraisser nos gazons, nos plates-bandes et nos potagers. Certaines écoles et municipalités s'y sont mises ; tout le monde devrait le faire.

Je respire librement chaque fois que j'aide la terre.

CHAPITRE 9
UN JARDIN POUR LA VIE

> « Notre façon de regarder la nature
> définit notre façon de la traiter. »
> David Suzuki

Être consciente des effets hyperpositifs de la nourriture et de la nature sur ma vie m'a conduite vers un projet magnifique : la création d'un jardin forestier organique permanent. Je ne pourrais rêver d'un environnement plus extraordinaire pour voir grandir et courir les enfants.

Un soir, je suis tombée sur une émission de télé parlant de permaculture : je découvrais le reflet du paradis espéré. Le terme *permaculture* vient de la fusion des mots *permanent* et *agriculture*. Le concept est né du constat suivant : pour survivre, une source renouvelable de nourriture et le respect de la terre sont nécessaires. Or, dans nos systèmes industriels, nous n'avons ni l'un ni l'autre. La permaculture imite la nature en reliant les humains, les animaux, les bâtiments et la nature, de façon à ce que les déchets des uns deviennent les ressources des autres. Le concept peut sembler compliqué, mais il est beaucoup plus simple qu'il n'y paraît, et au bout du compte, pratiquer ce type de culture requiert beaucoup moins d'efforts.

Cette technique peut être appliquée tant sur de grands terrains que sur de plus petites surfaces, sur un balcon en ville ou même dans une cuisine. L'environnementaliste David Suzuki[27] affirme que cette culture est présentement ce qui se fait de plus

---

27 www.davidsuzuki.org/fr/

important sur la planète. Selon lui, elle est la solution de demain. Les monocultures de masse qui occupent le peu des terres qu'il nous reste sont non naturelles et nocives pour plusieurs raisons : à cause, entre autres, des pesticides utilisés et, par conséquent, de la disparition des insectes. Par ailleurs, nous avons besoin d'arbres pour nous oxygéner et aussi d'agriculture biologique diversifiée pour nous nourrir, ainsi que pour abriter toutes les espèces vivantes qui nous sont nécessaires, telle que les abeilles, d'importants pollinisateurs pour nos cultures et notre survie. Elles ne peuvent polliniser en terrain de monoculture et sont également menacées par les pesticides. Nous savons que si elles disparaissent, nous suivrons.

Notre manière actuelle de cultiver les aliments est dévasta-trice. Même son de cloche en ce qui concerne le commerce : il est inquiétant de savoir que si l'on coupait les importations de nos grandes villes, nous n'aurions une autonomie alimentaire que de quelques jours seulement. Dans cette perspective, il devient vital que nous fassions un compromis entre les grandes cultures industrielles et les jardins écologiques diversifiés.

Aussi surprenant que cela puisse paraître, simplicité peut rimer avec efficacité, et même du côté écologique. On n'a pas nécessairement à performer pour bien vivre. Il existe, par exemple, quelques jardins autonomes au Québec et plusieurs autres dans le monde. Les principes utilisés sont les suivants : un design réfléchi, des prairies fleuries, des plantes sauvages fort utiles, une terre vivante sans pesticide, un entretien simple, un sol oxygéné et fertile dont les engrais sont organiques, un beau paysage abritant des aliments nourrissants (par opposition aux aliments vidés de leurs vitamines et nutriments lorsqu'ils sont arrosés), ainsi que des herbes médicinales. La chaîne suivante est respectée : terre-plantes-animaux-hommes-terre. Dans un tel environnement, un nombre incalculable de transformations s'effectuent constamment et toutes les substances, jusqu'à l'infi-niment petit (bactéries, champignons, etc.), sont importantes.

L'homme stimule ces processus. Vu ainsi, n'est-ce pas de la poésie ?

Revenons à l'un de nos jardins permanents québécois. Les gens y vont pour se ressourcer et chacun donne ce qu'il peut, en respectant son propre rythme. La propriétaire demande seulement aux gens de contribuer d'une manière ou d'une autre. Les invités y sont respectés pour ce qu'ils sont. Contre toute attente, ceux qui vivent sur cette terre non performante et non productive sont autonomes : ils ont un potager, des vaches qui donnent du lait et ils fabriquent leur fromage et leur pain. Ils vivent surtout en harmonie avec la nature et leur nature, sans stress. J'aime ces concepts de non-performance et d'autonomie.

Mon projet de jardin est un pas dans cette direction et vers un milieu de vie plus sain pour les enfants. Nous y planterons des végétaux qui engraisseront naturellement les plants à leurs côtés. Des aidants naturels repousseront les insectes nuisibles et attireront les pollinisateurs convoités. Nous créerons ainsi une harmonie naturelle et suivrons le cours de la vie, l'observerons et la respecterons. Des petits animaux de la ferme contribueront également à cette écologie. Le design du jardin est pensé pour que tous les éléments, dont l'homme, s'entraident pour le voir s'épanouir. Les enfants, nourris par celui-ci, pourront y jouer sans danger.

Une agriculture plus saine

La permaculture est évidemment biologique. Elle est bien différente de l'agriculture actuelle, qui dénature la nature. En ce moment, pour se nourrir, l'homme cause de la pollution, fait subir des dommages considérables aux écosystèmes et gaspille l'eau. Tout cela sans compter les nombreux produits chimiques qui mettent en danger la santé de tous. Notre assiette est en train de devenir une véritable bombe à retardement qui menace de nous exploser au visage.

Je suis bien consciente que le changement d'un système industriel vers un plus respectueux et en harmonie avec l'environnement ne se fait pas du jour au lendemain. On se rend tout de même compte avec les statistiques actuelles que le problème majeur n'en est pas un de nourriture, mais plutôt de distribution puisque le nombre de gens vivant avec un surplus de poids est largement supérieur à celui des malencontreux affamés. Ce débat dépasse le but de ce livre, mais aujourd'hui on devrait davantage encourager l'agriculture diversifiée et locale. Que ce soit en élevage ou en champ, il faut revenir autant que possible à ce que nous étions : au respect des animaux libres, en plein air et qui mangent ce qu'ils devraient manger, non pas du maïs. Les vaches, les poules, et tous les autres animaux sont faits pour être dehors, debout sur leurs pattes, à manger de l'herbe, dans les champs ; pas à être entassés les uns sur les autres sans jamais voir la lumière du jour.

La monoculture (de maïs, de soya, de blé, de coton, etc.) devrait d'ailleurs être réduite au minimum : elle pollue notre environnement et rend les gens malades. Les pesticides sont des produits chimiques extrêmement puissants. La végétation en contact avec eux autour des champs est calcinée. Les enfants au Mexique se brûlent les jambes en marchant dans les champs de maïs pour aller à l'école et développent des cancers. Plus près de nous, on m'a parlé d'un agriculteur qui crachait du sang et vomissait, année après année, lorsque venait le temps d'arroser.

Pourquoi ne pas faire du compost pour nourrir nos potagers ou nos terres ? Il est facile à produire et peut se faire partout, même lorsqu'on habite en appartement, car il existe diverses possibilités pour répondre aux besoins de chacun. Dans mon cas, je mets tout simplement nos restes végétaux (pelures, restes de légumes, marc de café, thé, etc.) dans un contenant en pyrex de quatre litres dont je dépose le contenu ensuite à l'extérieur. Je peux vous garantir que cela ne sent pas mauvais. Les poubelles dégagent des odeurs nauséabondes, pas le compost. Le mien reste sur le comptoir jour et nuit (on le vide quotidiennement dans le composteur), et il n'est en rien désagréable. Comme je le mentionnais plus haut, on se rend rapidement compte à quel point le compost peu réduire considérablement notre quantité de déchets; la différence est impressionnante. Une famille peut passer d'un grand sac d'ordures par semaine à un petit sac d'épicerie. Ensemble, on fait respirer la planète.

Connaître la terre qui nous nourrit

Malgré de grands désastres et gaspillages, créés souvent par de grandes entreprises qui ont tendance à nous décourager, chacun de nos gestes fait une différence importante. Changer nos façons de faire, c'est aussi prendre le temps de bien connaître la terre qui nous nourrit. Autrefois, on comprenait que l'on dépendait de la terre, de l'eau, de l'air et du soleil, mais cette idée s'est perdue quelque part, en cours de route.

Les enfants, eux, ont perdu le contact avec la nature et c'est la raison pour laquelle j'ai envie de faire un jardin pour eux. Je crois qu'il faut tenter de tout faire pour minimiser l'impact de nos horaires chargés sur leur qualité de vie pour que ces enfants puissent enfin jouer dehors plutôt que d'attendre leurs parents entre quatre murs. Nous pouvons faire l'effort de nous accorder à leurs besoins (d'être à l'extérieur, entre autres), au lieu de leur demander, en majeure partie, de s'accorder à notre train de vie. J'ai envie de faire un jardin où les enfants apprendront en s'amusant ce que sont la terre et l'agriculture et d'où vient notre nourriture. Nous dépendons de la terre, et si nous voulons que les enfants la protègent, plus tard, ils doivent d'abord la connaître. Un enfant laissé dans la nature s'y retrouvera automatiquement en harmonie et n'aura pas besoin de plus.

David Suzuki racontait lors d'une conférence qu'au Pérou, on dit aux enfants que les montagnes qu'ils voient sont comme

> **J'ai envie de faire un jardin où les enfants apprendront en s'amusant ce que sont la terre et l'agriculture et d'où vient notre nourriture.**

des dieux; c'est grâce à l'ombre de celles-ci qu'ils sont en vie et qu'ils peuvent manger. Imaginez comment ils en prennent soin. De notre côté, on dit que les montagnes cachent de l'or, que les eaux cachent du pétrole, etc. Pour les premiers, la nature est sacrée. Pour nous, elle est une ressource.

J'ai récemment eu le plaisir de découvrir la biodynamique et une grande entreprise qui s'en inspirait, celle du Dr Hauschka. Il a réalisé dans les années 1930 que les plantes dont il se servait pour ses remèdes pouvaient être conservées sans alcool s'il respectait la nature. Ainsi naquit un procédé révolutionnaire dans le milieu de l'homéopathie et, plus tard, dans celui des cosmétiques. En suivant le rythme engendré par les polarités auxquelles chaque être vivant est soumis (chaud, froid; mouvement, arrêt; jour, nuit), les pétales ou les racines des plantes cueillis à la rosée du matin (pour leur pleine vitalité) peuvent se conserver longtemps, en plus de maintenir leur essence et leurs qualités. Comme il est heureux de comprendre la nature, de vivre en harmonie et d'échanger avec elle!

Je me demande souvent, d'ailleurs, pourquoi on ne la laisse pas pousser, simplement, et trouver son équilibre dans certains endroits propices, plutôt que de la faire disparaître en tentant de l'aménager (sans parler que les tondeuses polluent). Par exemple, le long de certaines autoroutes, ne serait-il pas parfois préférable de laisser la végétation prendre son envol, ce qui contribuerait, entre autres choses, à améliorer notre qualité d'air et à réduire la pollution causée par les voitures qui passent à ses côtés? Aussi, n'est-il pas plus beau de voir des plantes hautes, sauvages, diversifiées, abritant et nourrissant les oiseaux, plutôt qu'une pelouse fraîchement tondue?

Depuis deux ans, nous regardons la nature pousser dans le jardin de la fondation Éden. Petit à petit, nous plantons des espèces, mais nous laissons aussi la terre se régénérer et il est fascinant de voir ce qu'elle fait naître, telle une variété d'une dizaine de plantes médicinales.

À long terme, et en suivant un processus naturel, nous y visualisons pour les enfants des érables, des arbres fruitiers, des arbres à noix, des vivaces et des petits arbustes. Le jardin favorisera les associations, en mettant côte à côte des plantes qui ont des effets bénéfiques les unes pour les autres. Puis les enfants, aidés de grands-parents et de parents, pourront aussi prendre soin des fleurs et des potagers.

La fondation David Suzuki parraine le projet. De plus, un des pionniers en permaculture au Québec, Bernard Alonso, sera un guide hors pair et partagera ses importantes connaissances. La vie étant faite de rencontres et de coïncidences heureuses pour faire avancer ce qui se doit d'exister a mis sur mon chemin au moment opportun un allié d'exception. Au Québec, Bernard a géré un projet de ferme appliquant les principes de permaculture et y a invité plusieurs milliers d'enfants par année pendant quatorze ans. Il enseigne aussi en France et en Inde et il développe, avec les communautés, de tels jardins. Nous partageons les mêmes désirs : ceux de transmettre la passion et les joies de la nature aux enfants. Ses expériences et ses idées sont fascinantes. J'y ajouterai mes rêves pour combler les besoins de tous les écoliers. Nous pensons aussi que ce jardin sera un bel exemple pour la conservation de la ceinture verte de Montréal et une idée à petite échelle d'autosuffisance alimentaire.

Le coup d'envoi de la création de ce jardin a été donné récemment. Ce sont des dizaines de famille qui ont répondu à l'appel et qui sont venues planter plus d'un millier d'arbres reçus. Les enfants, heureux, jouaient et couraient partout. Tous les partenaires sont arrivés sans se faire prier, au bon moment, pour participer à recréer l'abondance qui existe dans la nature. Ensemble, on va loin ; je ne l'ai jamais si bien compris. Cette journée de plantation me suivra longtemps par les émotions qui m'ont transportée.

Soigner, c'est aimer

Ce jardin sera une occasion unique pour les enfants d'aller jouer dehors, de respirer du bon air et d'être en contact avec la nature. Ils le sont si peu aujourd'hui. Force est de constater qu'une majorité de leurs problèmes de santé et de comportement viennent de ce manque. Ils apprendront aussi, par expérience directe, à connaître la terre qui les nourrit. Ce sera un « laboratoire », une terre d'exploration et de jeux, comme dans le temps où ils pouvaient jouer dehors sans crainte. Nous aurons aussi des animaux de ferme : des poules pondeuses, des oies, des lapins, des poneys, etc. Les jeunes apprendront à les traiter. Il a d'ailleurs été démontré que soigner permet de réduire la violence et le décrochage, en plus de faire un bien fou à l'âme.

Idéalement, la création de tels jardins pourrait se faire partout, ici comme ailleurs. Ils visent l'autonomie alimentaire, la préservation de la verdure et la création d'un héritage pour nos enfants, plutôt que de simplement l'user et de malheureusement, ultimement, le rendre stérile. La finalité de ce projet est donc que les enfants retrouvent une terre pour y jouer, l'aimer et en prendre soin.

Cette complicité avec la nature contribue au bonheur et constitue une école formidable pour eux. Ils y apprendront tellement sur la vie ainsi que sur la terre nourricière. Ils pourront toucher à la culture au moins une fois. Cet univers idéal, j'aimerais le voir s'étendre pour le bien-être de tous… C'est mon rêve, et je crois fermement à la puissance des rêves, comme vous pourrez le constater au chapitre 10.

Le projet est en progression constante, il sera possible d'en voir l'évolution sur le site de la fondation Éden : fondationeden.com

Pour en savoir plus
La fondation David Suzuki : www.davidsuzuki.org
Bernard Alonso : www.permacultureinternationale.com

CHAPITRE 10
ÊTRE MAGIQUE

« C'est bon de confier nos vœux à Pierrot dans la lune,
surtout quand elle est pleine,
ses oreilles sont alors très grandes, il nous entend. »
Louis, mon fils, 6 ans

La force s'intensifie avec la manifestation des idées. Leur expression offre toujours plus d'audace à leur auteur ainsi que le désir de s'investir davantage dans sa vie. La prochaine démarche regroupe les trucs et façons de faire que j'adoptai au fil des ans. Rien de scientifique. Mes années d'expérience m'ont forcée d'admettre qu'ils sont forts et efficaces. Une disposition idéale est indispensable à la réception du bonheur. Cette préparation mentale me semble aussi logique que celle d'un athlète qui visualise sa victoire...

La manière dont on perçoit la vie modèle notre bonheur. Par la visualisation, tout arrive, il s'agit d'être convaincu. La clé du succès est donc de croire sans aucun doute, et alors, l'univers se met à nous aider. Les événements peuvent arriver très vite et les changements se concrétiser aussi rapidement. Il suffit de le décider, puis la magie opère. Sans cette dose de « magie », je n'aurais sans doute pas trouvé la maison de mes rêves où élever mes enfants ni créé cette école alternative extra-ordinaire pour eux. Qui sait, je n'aurais peut-être même pas rencontré l'homme de ma vie. La magie, c'est d'abord d'être conscient de ses désirs et de s'y attarder. Il est excitant de se demander ce que l'on veut. Si, par contre, cela devient une tâche et qu'on n'y prend aucun plaisir, alors on n'en a pas compris l'essence.

Si l'on ne croit pas à ce qui suit, les exercices proposés pourraient quand même nous mettre dans un bel état d'esprit. Lorsqu'on est en bonne forme physique et mentale, je crois que l'on peut créer ce que l'on veut. Personnellement, les matins où je manque de force, je suis incapable de visualiser, d'où l'importance, selon moi, de conserver en tout temps une vitalité exemplaire. Par ailleurs, je m'imagine toujours jeune et en santé, pour renforcer cet état. Être en santé, au sens large, me permet d'être à la disposition de cette magie. Aussi, lorsque j'envoie des «messages», je m'assure que mes pensées et mes paroles sont toujours positives et cohérentes, car elles se matérialiseront très certainement.

Le bonheur consiste d'abord à chérir ce que l'on possède (santé, famille, profession, etc.) et à dire merci. La réalisation de nos rêves procure un épanouissement supplémentaire.

Parler avec la vie

Alors que j'avais vingt et un ans, la lecture du livre *La Prophétie des Andes* m'a donné envie de manifester des choses. Je dois dire qu'au départ, je suis une femme naturellement heureuse, qui essaie d'aborder la vie du bon côté, mais pendant cette période précise, toutes mes journées étaient particulièrement remplies de magie. Je communiquais avec la vie. J'espère que mes propos ne paraîtront pas trop ésotériques; je ne crois pas l'être. Je suis, au contraire, entourée de gens très pragmatiques, mais lorsqu'ils me voient faire, ils réalisent que cela fonctionne pour moi et veulent connaître «mon secret». À l'époque à laquelle je fais allusion, je vivais seule en appartement et j'échangeais avec l'existence: je demandais, je recevais, puis je la remerciais à l'aide de dessins et de messages que j'affichais au mur et qui prenaient différentes formes. Ce fut également pour moi une importante période de création, qui m'apporta un réel sentiment de plénitude et de bonheur. Je crois d'ailleurs que magie et créativité vont de pair. Lorsque l'on crée, on se sent vraiment rempli. Peut-être est-ce parce que l'on vit davantage le moment présent et que l'on se recentre sur soi-même. Tous peuvent créer et chaque création compte.

Donc concrètement, ce que je faisais, c'était de tapisser mes murs avec des mots, des dessins et des symboles, de manière à envoyer des messages de ce que je désirais à la vie. Et cela fonctionnait : je recevais ce que je voulais. Ce pouvait être n'importe quoi. Une fois, par exemple, j'ai accroché des rubans, des choux et des bouts de papier d'emballage aux murs pour évoquer ma disposition à recevoir. C'était beau, « artistique » et très positif. Puis dans la même semaine, j'ai reçu en cadeau des pierres précieuses du Brésil, d'une famille qui m'a connue lorsque j'avais deux ans ; je n'aurais jamais pu l'imaginer. Ce geste m'a marquée puisque c'était la première fois que je demandais et que j'obtenais de cette façon. J'ai ensuite continué d'envoyer des signes à la vie qui me répondait. J'étais en constante communication avec elle. Depuis, j'ai conservé cette manie d'afficher des dessins et des phrases qui m'inspirent. Il devient alors plutôt difficile de se sentir maussade quand mon univers est en quasi constante ébullition. Les beaux messages et les remerciements me stimulent, me donnent le sourire et me rendent enthousiaste. Je suis ainsi plus réceptive à tout ce qui peut surgir de positif. Cela fonctionne, et pour tout dire, il ne m'est jamais arrivé de ne pas recevoir ce que j'avais demandé.

Ma maison en est un autre bel exemple. C'est mon coin de paradis ; un lieu où je me ressource, un endroit de pur bonheur. La première fois que je l'ai vue, j'habitais déjà à la campagne et je trouvais cela extraordinaire. Je voulais toutefois me rapprocher de Montréal pour avoir plus facilement accès au milieu artistique, tout en restant dans la nature. J'étais également enceinte et j'avais un très fort pressentiment de me retrouver dans une maison ancienne. À cette époque, je passais régulièrement par un petit chemin rural. Puis un jour, mon instinct m'a guidée et de ce chemin, j'ai pris une petite route qui m'a menée vers *ma* maison. Dès que je l'ai aperçue, au loin, j'ai su que c'était *elle*, *ma* demeure, même si à ce moment-là elle appartenait à d'autres.

J'ai hésité à m'introduire sur le terrain sans y être invitée, mais je l'ai tout de même fait, et les propriétaires sont sortis à l'extérieur. Je leur ai alors dit, de but en blanc, que j'aimais beaucoup leur maison et que je désirais l'acheter. Ils m'ont répondu qu'elle n'était pas à vendre. Je suis donc repartie, mais j'avais la conviction que cette maison serait la mienne un jour et même, que je l'habiterais dans l'année qui suivrait. Onze mois plus tard, j'y étais. Lorsqu'on a une vision très claire et qu'on en est convaincu, tout peut se réaliser. On doit toujours écouter son instinct et sa petite voix intérieure. Il ne faut surtout pas douter. Il peut bien sûr arriver, parfois, que la réalisation de ses désirs prenne un peu de temps, mais il faut patienter, car des signes en lien avec son rêve pourraient se manifester et ainsi s'avérer d'une aide précieuse pour persévérer et nous guider.

Lorsque je suis revenue de ma promenade, ce jour-là, j'ai écrit une lettre aux propriétaires, leur décrivant l'intérêt que j'éprouvais pour leur demeure et les lieux qui l'entouraient. Je l'ai déposée dans leur boîte postale dès le lendemain, accompagnée d'une bouteille de vin. Ils m'ont rappelée. Pour moi, c'était dès lors gagné! Je venais de franchir un pas solide dans mon chemin vers son acquisition. Je n'avais aucun doute sur la tournure des événements, puisque leur réaction a été positive et immédiate. Une telle réponse ouvre le chemin vers la concrétisation d'un rêve, on peut donc poursuivre avec assurance. Dans un cas où on n'obtient pas le résultat escompté, on trouve une autre solution, sans se décourager, et on se dit qu'il y a certainement un meilleur chemin ou un meilleur moment pour obtenir ce que l'on désire.

Je n'avais toujours pas visité la maison, mais je n'ai nullement été surprise lorsque j'y suis entrée pour la première fois. C'était *elle*. Par la suite, les propriétaires et moi avons gardé contact; nous nous appelions et moi, je m'y voyais, j'y déménageais, je la faisais mienne dans ma tête. Jusqu'au jour où ils m'annoncèrent qu'ils étaient enfin prêts à me la laisser, alors que plusieurs autres avant moi avaient pourtant aussi essayé de l'acheter. J'oublie un détail important : tout ceci s'est passé à un moment de ma vie où ma situation financière n'était pas des plus reluisantes ! Je trouve important de le mentionner, car malgré cela, je ne me suis en aucun temps sentie découragée (mon gérant de banque, oui, par contre !). J'ai plutôt continué de croire en la vie et au fait que tous les éléments se placeraient adéquatement pour la réussite de mon projet. Et comme par magie, j'y suis arrivée ! Depuis, j'ai le bonheur de vivre dans cette magnifique demeure et je dis merci tous les jours.

Lorsque je raconte cette histoire, mon fils dit que j'ai eu la maison grâce à une bouteille de vin...

J'ai d'ailleurs vécu le même processus lorsque j'ai commencé à visualiser l'école dont je rêvais pour lui. Cependant, je tiens d'abord à préciser que personne autour de moi, au début, ne croyait en mon projet. On a même fortement tenté de m'en décourager ! L'école que j'envisageais pour mon fils était différente de celles que l'on connaît ; elle n'existait pas. J'ai depuis reçu tellement de témoignages émouvants, bouleversants et ô combien valorisants ! Contre toute attente, cette réalisation majeure m'a aussi enrichie d'une façon extraordinaire. Je suis devenue la fille qui a mis sur pied un milieu de vie d'une grande beauté pour l'épanouissement de ses enfants... et de centaines d'autres.

Ne rien forcer

J'ai toujours su ce que je voulais dans la vie. Déjà, à dix-sept ans, je ne laissais personne s'immiscer dans mes désirs. Selon moi, peu de gens veulent réellement notre bien, chacun pense plutôt pour soi et à son propre bénéfice. Et parmi ceux qui nous aiment vraiment, certains peuvent quand même nous envoyer des messages qui ne concordent pas avec ce que l'on veut, tout simplement parce qu'ils sont incapables de voir les choses de la même façon que nous. Personne n'est dans notre tête et encore moins dans notre cœur. Il faut donc être solidement accroché à ses rêves. Je dois avouer que j'ai tendance à être têtue et bornée, et ces qualités m'aident beaucoup. Des gens très près de moi ont essayé souvent de me désenchanter, mais je n'ai jamais rien écouté. Leurs paroles passent comme du vent à côté de moi et je me ferme émotionnellement pour ne rien ressentir de mauvais, qui pourrait tacher ma « création ». Je fais et je vis aussi toujours en accord avec ce que je sens. J'ai une idée très précise de mes rêves et de ce que je vois dans ma vie. Il faut toujours continuer d'y croire et ne pas se décourager. On doit avoir ce feu, ce bonheur qui mijote, et pour cela, il faut être à l'écoute des signes. J'aime penser que lorsqu'on a le pouvoir de rêver à quelque chose, on a le pouvoir de le réaliser (cette phrase ne vient pas de moi ; elle a été reprise par plusieurs personnes, dont Walt Disney). Rien ne peut nous arrêter. Lorsqu'on arrive à l'imaginer et à le ressentir, l'univers met alors tout en place pour le concrétiser et le chemin se trace presque de lui-même. Par contre, on ne doit rien forcer. Le *momentum* est aussi très important parce que si l'on force la réalisation de ses rêves, on risque d'arriver à destination trop vite (sans les bénéfices désirés) ou de ne pas emprunter le bon chemin, et ainsi manquer des opportunités qui autrement rendraient notre expérience plus riche.

On se fixe donc un rêve, on l'imagine et on le ressent clairement. Après l'avoir bien établi et précisé, on le met dès lors de côté et on se concentre uniquement sur le chemin à prendre pour y arriver (en écoutant les signes qui nous dirigent). Toute son énergie est ainsi orientée vers les moyens pour atteindre son but. On demeure conscient, on prend le temps nécessaire pour y arriver, et on prend plaisir à revenir au point de départ si on s'est éloigné du but visé. Il est effectivement important de s'amuser au cours de cette démarche. D'ailleurs, le chemin qui mène à l'auberge est souvent plus agréable que l'arrivée même à celle-ci. On ne vit donc pas dans l'attente et on jouit du moment présent, même s'il peut parfois être cahoteux. (À ce propos, je considère les obstacles comme des opportunités pour me rendre plus forte et plus expérimentée et peut-être aussi pour me diriger dans un meilleur chemin.)

Si la jeune vingtaine a été une période très productive pour moi en termes de magie, j'ai vécu deux années plus tranquilles au début de la trentaine. Étrangement, je n'arrivais pas à recréer ce que j'avais vécu auparavant. J'étais heureuse (j'ai porté mon premier bébé dans cette paix) et je ne manquais de rien, mais sur le plan de la carrière et de la magie, un calme semblait s'être imposé. Au lieu de vivre sereinement cette pause et de voir où elle me mènerait, j'ai lutté contre. Je n'étais pas du tout à l'écoute des signes et j'avais plutôt tendance à forcer les choses qui, de toute évidence, ne se réalisaient pas. Après avoir vécu l'absence de résultat sur une longue période, j'ai finalement compris ce que je faisais d'incorrect. Je sortais de mon sentier, je forçais le pas, pour ne me rendre nulle part. Ces deux années «maigres» me servent maintenant de baromètre et sont ainsi prolifiques. Depuis, je suis en mesure de confirmer et de cerner d'une façon encore plus juste l'état qui me mène à la réalisation de mes objectifs. Je suis convaincue que lorsque nos rêves sont clairement définis, on doit suivre le cours de la vie et avoir confiance qu'elle nous mènera là où on doit être au bon moment. Je connais maintenant, grâce au contraste que j'ai vécu entre mes périodes d'avancement et de stagnation, le pouvoir de cette magie et je constate à quel point on en est tous les maîtres.

L'acharnement dans le vide est tellement déplaisant. Quel malaise! Il m'aurait été plus salutaire de savourer la pause que je vivais plutôt que de tenter de convaincre les autres de quoi que ce soit. L'arrêt est extraordinaire, tout peut se dessiner sur des pages blanches. Il suffit de suivre notre instinct et de laisser les signes nous guider sur le bon chemin, sans rien forcer. Par exemple, lorsque j'ai décidé, à une autre époque, de mettre ma carrière un peu en veilleuse pour rester avec mon fils, quelque chose de très fort s'est passé et a «jailli» dans ma vie. J'ai eu des pulsions, des désirs et je les ai écoutés. Mon instinct m'a ainsi dirigée vers de grandes réalisations auxquelles je n'aurais jamais pensé autrement et qui ont, de surcroît, vu le jour aisément: une

école primaire publique alternative, un immense jardin permanent biologique pour les enfants, des DVD de danse exercice et
ce livre… Des chemins se tracent pour moi, je les suis et à travers
ceux-ci, je me réalise comme jamais, je m'épanouis pleinement.
Je suis femme, j'existe, je vis.

Depuis, comme par enchantement, des projets voient le jour
afin que je véhicule le bien-être, le bonheur et tout ce que j'ai
trouvé en demeurant avec mes fils à la maison. On me propose
aujourd'hui des rôles auxquels je n'aurais jamais pensé. Je ne
serais pas là où je suis rendue non plus si je n'avais pas choisi de
rester avec mes enfants. Tout cela m'a permis de comprendre
que c'est en m'arrêtant que j'ai trouvé l'essentiel et que toutes
ces belles choses se produisent.

J'aime jouer au cinéma et pour la télévision. Je suis des plus
heureuses sur un plateau, mais lorsque mes fils ont besoin de
moi, je ne peux y être à temps plein. Je joue seulement si mes
enfants sont avec moi et si j'ai du temps pour être avec eux.
J'ai, par exemple, commencé une tournée de théâtre alors que
mon bébé n'avait que deux semaines. Je l'allaitais entre deux
présences sur scène, pendant que je jouais, il était dans les
bras de mon père, de ma mère ou de Denis qui jouait avec moi
(quand mon aîné était bébé, je demandais aussi à ceux qui veil-
laient sur lui de le garder sur eux, de ne pas le déposer). Je revenais en coulisse et je le reprenais. Que nous étions bien, juste
ensemble! Et quel beau début de vie!

Mes enfants sont ma priorité absolue. Puisque je crois profondément que tout finit toujours par arriver au bon moment,
je sais que je vivrai un jour mes autres rêves, comme ce fut
le cas pour l'école, ma maison, le jardin et tout le reste. Sans
rien forcer. Je le vois très bien, il ne peut en être autrement.
D'ailleurs, c'est dans les moments où mes fils ont moins besoin
de moi et où la présence des autres membres de la famille les rassure que les projets reliés à mon métier se présentent, en bonnes
doses.

Quoi qu'il en soit et où que l'on se trouve dans la vie, garder une attitude positive est primordial. Il est bon de penser que tout arrive pour une raison et de demeurer centré sur ses désirs. Assurez-vous aussi de chérir ces moments qui semblent parfois plus difficiles, car ils peuvent servir de tremplin, de point de comparaison, et même être essentiels au succès. Demeurer positif, c'est également voir la solution plutôt que le problème. Les épreuves de la vie sont, en fait, des situations qui nous permettent de grandir et de découvrir. D'ailleurs, c'est souvent à partir de ces problèmes qui semblent insurmontables que naît le bonheur. De fait, lorsqu'on a connu la noirceur, on apprécie tellement la vie par la suite. Si des gens qui ont vécu l'horreur parviennent à être heureux, alors on peut tous y arriver. Il suffit simplement de visualiser ce que l'on désire, de s'y accrocher et d'y croire solidement. Cependant, attention : ne pas forcer ne signifie pas ne rien faire. Au contraire, il faut toujours continuer de marcher vers ses rêves pour les réaliser ; suivre son instinct et demeurer à l'écoute.

> **Demeurer positif, c'est également voir la solution plutôt que le problème.**

Du côté professionnel, ma préparation s'est résumée à l'obtention d'un baccalauréat en sciences pures, puis en communication. Je n'avais ni famille ni ami dans le milieu artistique. Je ne savais donc pas par où commencer. Mais à partir du moment où j'ai su ce que je voulais faire dans la vie, de bonnes personnes se sont placées sur mon chemin. Elles ne m'ont pas nécessairement ouvert de portes, mais le fait de voir que ce milieu venait à moi m'a donné le courage de poursuivre dans cette direction. Très rapidement, j'ai décroché une première audition, qui allait confirmer ma place comme actrice et surtout, confirmer que du moment où je crois fermement en mes rêves (et en moi) et en ce qui me rend heureuse, ce que je souhaite se réalise, en dépit de tout le reste.

On a probablement tous vécu une expérience, un jour ou un autre, sans peut-être même le savoir, qui démontre que l'on est à l'origine de la matérialisation de ses désirs les plus forts à partir du moment où on en est convaincus. Lorsqu'on croit fermement qu'une certaine place nous revient ou qu'une certaine personne est «pour nous», sans hésitation, le chemin se trace tout naturellement et on obtient ce qu'on souhaite (l'objet de sa création).

Ainsi, tout arrive à point et naturellement lorsqu'on est à l'écoute de ses désirs, des indices de la vie, et qu'on agit en harmonie avec ses *feelings*, sans forcer. Je crois donc qu'on ne devrait rien chambarder pour arriver là où on veut aller. Si on force les choses, cela signifie qu'on n'est pas à la bonne place et aussi, qu'on est peut-être en train de passer à côté de nos réalisations. Il est bon de rester centré sur ce que l'on veut, d'avoir confiance en soi-même et en l'existence, de n'avoir aucun doute. De plus, il ne faut surtout pas sous-estimer notre instinct, car c'est ce qui nous oriente, nous montre le chemin pour mieux vivre notre vie et nous combler.

Essayer plusieurs chemins

Parfois, essayer plusieurs chemins pour obtenir ce que l'on souhaite demande du temps. Lorsque je suis arrivée dans mon patelin, j'ai commencé une «bataille» pour protéger des terres agricoles avoisinantes des pesticides et d'un développement immobilier qui se préparait. J'ai utilisé plusieurs moyens, sans succès pendant six ans. Je ne suis pas la seule à vouloir protéger notre ceinture verte et à trouver cela difficile, lourd même, d'être constamment sous la «menace» d'un développeur et d'avoir à cogner à plusieurs portes pour trouver de l'aide.

Une nuit en rêve, je vois clairement que mon vœu se réalisera. Lorsque c'est aussi clair, rien ne peut m'arrêter; j'ai la confirmation que ça doit se passer ainsi. Dès lors, je suis convaincue et je vis comme si c'était fait, sans doute aucun. Lorsque je m'y promenais, été comme hiver, je visualisais des arbres et des fleurs, en ressentant un immense bonheur. Je le vivais intensément déjà à travers tous mes sens: je voyais les plants qu'on sèmerait, je les sentais, j'entendais les oiseaux qui y chanteraient et surtout, je voyais des enfants y jouer, des personnes âgées s'y promener.

Il y a quelques étés, j'ai bien failli atteindre mon but, mais malheureusement, des embêtements sont survenus : des offres plus alléchantes étaient sur la table. D'autres entrepreneurs étrangers offraient plus que moi. Beaucoup plus ! Ce soir-là, je suis justement tombée sur un reportage mentionnant le fait qu'ils cherchaient à s'approprier nos terres agricoles pour optimiser leur autonomie alimentaire, concept intéressant en tant que communauté : s'autosuffire autant que possible pour être indépendant au maximum.

Je me suis donc retrouvée devant un géant, un géant qui avait beaucoup d'argent et devant lequel je n'étais pas de taille. Sur le coup, je me suis découragée, mais en quelques minutes, je me suis dit que je ne devais pas envoyer ce message négatif « dans l'univers », que je ne devais pas abandonner et que je devais continuer de croire. Il ne faut jamais dépêcher une réponse négative à notre cerveau, ni craindre, ni avoir peur ; il faut se ressaisir et ne penser qu'au beau. À un point tel que si on n'y arrive pas, il faut se brancher sur autre chose, sur des passions et sur ce qui nous fait du bien.

Parallèlement à ce désir, j'ai créé une fondation. Je désirais protéger les terres, mais encore fallait-il leur trouver une vocation qui idéalement enrichirait la communauté. Il est bon de réellement et honnêtement connaître les raisons profondes pour lesquelles nous voulons réaliser une idée ou un projet. J'adore jardiner, mais sur plusieurs arpents c'est impensable. Du moment où j'ai commencé à chercher, un chemin s'est tracé tout seul et je l'ai suivi. Une somme d'argent s'est d'abord présentée. J'ai ensuite pensé à une manière de la faire fleurir pour l'épanouissement des enfants et pour l'avenir de la terre. L'idée a germé dans ma tête et la Fondation Éden est née. J'ai écouté ce que je ressentais et je l'ai créé, même si les terres n'étaient pas encore accessibles à ce moment. J'ai commencé les démarches, sans même les avoir. J'y croyais et nous allions créer un jardin : les enfants viendraient y jouer et se familiariseraient aussi avec les rudiments d'une culture organique, respectueuse, abondante…

Se laisser guider

Un après-midi, Louis est revenu de l'école avec un texte de David Suzuki qui expliquait exactement ce que je voulais faire avec mon projet de jardin. Le jour même, j'ai reçu un appel des responsables de sa fondation qui ne savaient pas que j'avais lu ce texte révélateur. Ils voulaient simplement me rencontrer. Petit à petit, des signes se sont présentés telles des confirmations me disant que j'étais sur la bonne voie. Des rencontres heureuses, des nouvelles connaissances et un engouement pour ce projet se développait : tous se nourrissaient de cette nouvelle aventure. J'ai donc de nouveau approché les propriétaires de la terre en leur parlant de cette idée de créer un éden pour les enfants. Ils ont démontré une belle ouverture et me proposaient de me louer l'espace. Ça me convenait puisque mon but n'était pas de posséder. Je pouvais très bien louer la terre à vie s'il le fallait. Je désirais la protéger et la voir fertile et saine pour recevoir les enfants qui pourraient la retrouver et s'y épanouir.

Finalement, après six années à souhaiter que ces terres soient organiques, j'ai appelé les propriétaires de la terre. Je leur ai dit que j'avais obtenu la reconnaissance d'Ottawa pour devenir un organisme de bienfaisance, mais que je devais avoir un bail signé. Je savais qu'ils étaient très occupés à cette période de l'année, mais je suis allée les rencontrer, et, à ma grande surprise, tout s'est fait en quelques minutes, et avec une facilité déconcertante. Ce papier que j'espérais depuis six ans, je l'avais enfin entre les mains !

Prendre la bonne voie

Quand j'ai débuté mes démarches pour la protection des terres je ne m'étais pas engagée sur le bon chemin. Le moment n'était pas le bon non plus. Si j'avais obtenu les terres auparavant, je n'aurais pas fait toutes ces belles rencontres et Fondation Éden n'aurait pas existé. Alors que maintenant, tout est en place, tout est parfait. On m'a par la suite appelée pour m'offrir des arbres et des ressources : c'est la magie qui opérait ! C'est l'abondance pour le bien de la terre, des enfants et des plus grands ! C'est extraordinaire !

D'autant plus que depuis, j'ai entraîné mon père dans ce projet sans trop y penser et je réalise maintenant que, c'est probablement le rapprochement d'un rêve pour lui qui imagine souvent son enfance près des chevaux et de son père sur la ferme. Lors d'une rencontre avec un agronome, je le regardais, il était satisfait. Il n'était pas épuisé par le travail que peut représenter l'ampleur de la création d'un jardin et de ses possibilités. Il était vraiment content d'y participer. Il est heureux d'être impliqué dans la préservation des terres ainsi que dans un projet qui aidera les enfants à s'épanouir. C'est un retour du balancier d'une grande beauté.

Ce projet de jardin est probablement l'une des grandes victoires de ma vie : parce qu'au départ on m'avait dit non, parce que j'ai «vaincu» des géants, parce que c'est une petite victoire contre les pesticides.

Les réponses sont en nous. On ne nous enseigne plus à être en contact avec nous-mêmes, avec nos racines, avec la terre. Cette tradition se perd. Tout comme la spontanéité dans une ère où l'on vit selon des horaires si rigides que rien ne peut nous surprendre. Les plus belles choses sont créées lorsque l'on est branché sur ce que l'on aime et sur ce que l'on vit dans le moment présent. Il est essentiel, même en travaillant, d'avoir du plaisir et de pouvoir trouver le bonheur à chaque instant. Si nous étions riches, ferions-nous ce que nous sommes en train de faire ?

> **Les plus belles choses sont créées lorsque l'on est branché sur ce que l'on aime et sur ce que l'on vit dans le moment présent.**

À l'écoute des signes

Un 31 décembre, lorsque j'ai émis mes souhaits pour l'année à venir avec mes amours, les terres étaient toujours ma priorité. Je cherchais à retrouver la magie et la synchronicité et à les vivre intensément. J'ai repris mes rencontres quotidiennes avec moi-même (!)[28]. Dès la première journée, les signes sont apparus, sous forme de coïncidences, de pensées, d'animaux, de textes, d'appels, de messages puissants, etc. La magie quoi! J'aime beaucoup la symbolique des animaux. Comme si la nuit où un enfant est conçu un hibou (signe de fertilité chez les Indiens) venait hululer à la fenêtre de la chambre.

Nous avons annulé un voyage lorsqu'une horde de chevreuils est venue nous voir la nuit du jour de l'An. Toujours selon les Indiens, leur présence suggérerait à la maman de rester avec son nouveau-né à la maison pour ne pas lui faire subir d'influences négatives et pour qu'elle tisse des liens forts avec lui. C'était significatif pour nous à ce moment précis. Il faut savoir interpréter ces signes. On hésitait à faire subir un trajet d'avion à notre bébé de quelques mois, c'est la présence des chevreuils qui a mis un terme à notre questionnement. Au moment où je lisais cette signification dans un livre, une amie m'appelait pour me dire qu'elle passerait me visiter parce qu'en ayurveda, sagesse indienne qu'elle a étudiée, il est conseillé qu'une nouvelle maman ne sorte pas de la maison avec son enfant! Notre «signe» était doublement fort!

J'aime beaucoup aussi me souvenir de mes rêves nocturnes et si je me réveille j'en profite pour les écrire. Dans la jeune vingtaine, j'ai eu une période où je rêvais beaucoup d'eau. Symbole, selon son contexte, de naissance et d'épanouissement: je me découvrais femme. Depuis, je rêve à des symboles très forts: des dragons et des serpents domptés, des souveraines, des troupeaux de bisons. Ils affirment ce que je vis: je prends pouvoir

---

28   Voir section: Voici ce qu'il faut faire p. 185.

sur ma vie, je vis ce que je suis, je suis ce que je veux. J'espère qu'en en parlant dans ce livre, ça permettra à d'autres d'en faire autant.

Lorsque je me couche le soir, je demande des réponses. Souvent le matin, tout est très clair. Les signes sont des réponses à notre quête et confirment que nous sommes ou non sur le bon chemin. Même lorsque nous ne posons pas de questions, ils peuvent nous dirent que nous sommes à la bonne place dans notre vie. Alors que tous mes rêves se réalisent et que des désirs fous émis à voix haute ont des répercussions presque immédiates, je ne fais pas d'autres demandes, ni ne repasse mes désirs et pourtant, les coïncidences affluent, me font sourire et me disent que je suis toujours à la bonne place.

Joy

Mon professeur de jeu dit souvent « *If it's not fun, run* » (Si ce n'est pas amusant, sauve-toi). Depuis plusieurs années, je fais presque essentiellement ce dont j'ai envie, sinon j'y trouve vite un aspect à aimer ou un bonheur sur lequel me brancher. Si je me sens mal, je m'écoute et je change de direction. Je suis mon instinct et ce qui me rend heureuse. Je crois que le mot le plus juste pour exprimer l'état qui me guide est le mot anglais *joy*. Il me parle beaucoup plus que le terme français « joie ». *Joy*, c'est tout ce qui nous fait vibrer, c'est le pur plaisir, l'émerveillement, l'étincelle qui brille dans les yeux des enfants, l'éclair dans les nôtres lorsque nous sommes dans cette énergie. Nous devrions la rechercher tous les jours, dans tout ce que l'on fait, à chaque moment de nos journées et lors de notre voyage vers nos rêves. Pour l'école de Louis, j'ai écrit des lettres, j'ai fait des appels, je me suis présentée à divers endroits, j'ai organisé des réunions, etc. J'étais toujours animée par cette joie qu'éveillait en moi ce rêve d'idéal pour mon fils. Cette ardeur nous donne l'énergie pour continuer et pour être dans notre vie. Elle est l'affirmation de ce que nous sommes, de notre pouvoir et de l'abondance disponible. Nous pouvons être branchés sur elle à tout moment. Et même la trouver dans des activités qui peuvent sembler banales.

Se couper du négatif
pour se centrer sur ce que l'on veut

Pour arriver à être au maximum dans cet état (*joy*), je me coupe souvent des médias (radio, télévision, journaux, etc.). J'ai réalisé que, la plupart du temps, les suivre ne me procurait rien d'inspirant, au contraire. On reçoit quand même, de différentes façons, les nouvelles et les informations «importantes». Et pour manifester nos rêves, il faut être heureux! Sinon, on perpétue et on manifeste les craintes, les peurs, les manques et les compétitions qui sont véhiculés dans ce qui nous entoure. Comme on décide ce que l'on veut, il ne faut pas ressentir d'insatisfaction! Pour être fort, il faut absolument être bien et demeurer fixé sur ce que l'on aime, sur des réussites, sur du beau, etc.

Parfois, les circonstances dans lesquelles on vit ne semblent pas être les nôtres et peuvent nous atteindre. Il est important de se recentrer, et ce, même si c'est difficile. Certains matins, la journée peut débuter par une série de petites anicroches. Pour briser cette chaîne, on peut choisir de faire un appel agréable, de se brancher sur ce qui nous fait du bien. Le bonheur ne vient pas d'ailleurs. Ça se passe de l'«intérieur»: on peut tout simplement penser à quelque chose qui nous réconforte (une réussite, un amour, etc.), ou aller par exemple, physiquement vers la nature qui répare tout. Restons toujours dans le positif (dans notre tête, avec nos idées et notre corps), laissons faire la compétition (il y a de tout pour tout le monde) et évitons les sentiments de culpabilité, d'angoisse et de limites.

S'il y a une mauvaise nouvelle, un mauvais moment, on peut aussi tenter de voir les bons côtés ou revenir à ce qui nous apaise.

Profitons de ce qui nous fait vibrer. *Joy*, c'est une énergie (lorsque l'on rit aux éclats et que l'on rayonne par exemple) qui attire la même énergie. On peut même la forcer! Rire, chanter, danser… Se lever et se sourire dans le miroir peut complètement changer la donne! Depuis plusieurs années, je tente par toutes mes actions de me rapprocher de cet état d'être. Je vis à la campagne, je tente de me couper au maximum des ondes négatives, je regarde un feu en hiver (d'un poêle à faibles émissions!) en visualisant, je bouge, je respire à fond dehors avec le sourire au cœur, je danse, j'écoute les oiseaux en été émerveillée, j'ai mon bébé qui fait dodo sur moi, et j'aime profondément lire des livres inspirants. Ça m'aide à focaliser sur ce que je veux vraiment et l'imaginer, l'explorer (ce que ça sent, comment j'y suis habillée, ce que ça me fait, etc.).

Rapidement, ce que l'on souhaite arrive, aussi grandiose qu'on l'a imaginé et souvent encore davantage. Ces résultats nous rendent plus «puissant», de fois en fois, et nous invitent à créer davantage. Comme lorsque l'on tombe en amour: on se sent bien, on ne voit que du beau, on ne vit que du beau et les belles expériences se produisent.

Voici ce qu'il faut faire!

Pour que nos rêves se concrétisent, on doit savoir clairement ce que l'on veut et pourquoi. Il m'arrivait souvent de prendre le temps de visiter mes rêves lorsque j'allaitais mon bébé. Je ne faisais rien d'autre. Encore aujourd'hui, je me répète une phrase qui dit ceci (cette formule ne vient pas de moi et j'en oublie la provenance, mais elle est d'une efficacité extraordinaire lorsqu'on s'y implique entièrement): «Je prends ce moment pour créer ce que je veux (et alors, je pense à tout ce que je veux, dans la joie). Maintenant, si c'est vrai que j'en suis capable, envoie-moi (je parle à la vie) un signe aujourd'hui pour me montrer que tu portes attention à toutes ces choses que je crée (j'y repense encore) et envoie-le de façon surprenante pour que je sois certaine que ça vienne de toi et que je sois fascinée par mon pouvoir.» Alors le lendemain, je recommence avec plus d'affirmation. Ce qui est bien, c'est que plus on a des signes, plus on a confiance et plus on y arrive. Les yeux ouverts ou fermés, on ne fait rien d'autre que de sentir ce que l'on veut, en imaginant dans les moindres détails ce que réaliser nos buts nous procure : les odeurs, ce qui nous entoure, comment nous sommes, ce que ça nous fait, ce que nous voyons, ce que nous entendons, etc. On implique tous nos sens.

C'est un peu ce que j'ai fait avec l'hypnose lors de mon deuxième accouchement. Arriver à créer des chemins de plaisir dans notre esprit et à les vivre intensément. Et toujours plus chaque fois qu'on le fait. Ce n'est pas de la rêvasserie. Plus l'idée de ce que l'on veut est claire, plus sa manifestation est rapide. On laisse ensuite la vie nous guider vers nos buts par les signes qu'elle nous envoie et par ce que ça nous dit en dedans. C'est carrément émerveillant. J'ai envie de vivre comme ça toute ma vie. Je l'ai pratiqué tous les matins d'hiver. D'ailleurs si quelqu'un trouve que c'est une tâche, s'il ne s'amuse pas en vivant ses rêves les plus fous, il n'est pas à la bonne place. Dès le printemps, tout ce que j'ai demandé est arrivé à une vitesse folle. C'est énergisant. Les journées sont remplies, mais que de plaisir !

L'important est de ne pas penser au «comment ça pourrait arriver», parce qu'alors, on se limite. On ne sait pas comment les choses vont se faire, quel chemin on va suivre et c'est ça qui est excitant ! On se concentre sur nos buts et on doit croire qu'ils sont réalisables. On doit aussi avancer, on ne fait pas qu'attendre. Cette technique n'est pas un prétexte à la paresse ! La vie sourit aux gens audacieux, aux gens d'idées et de créations ! On entame les

La vie sourit aux gens audacieux, aux gens d'idées et de créations !

démarches concrètement vers nos buts, selon notre «feeling» et on voit si nous sommes dans le bon chemin, en demeurant dans le plaisir, dans la spontanéité et à l'écoute des signes. N'oublions jamais que cette technique nous aide à créer notre chance et que nous nous devons d'être prêt lorsque celle-ci nous sourira. C'est tout ça, la magie de la vie.

La vie

J'ai toujours cru en la vie. Elle manifeste ce qu'on veut et elle est abondance. Lorsqu'on est en harmonie avec elle, tout est fluide. Pour en prendre conscience, on doit être à l'écoute et vivre chaque moment. L'un va avec l'autre. Pour donner un exemple, en se couchant dans l'herbe avec nos enfants, notre amoureux, ou même seul, on est complètement présent. (Pas entre deux courriels, ou deux téléphones ! Même l'écrire me stresse !) Et fermer tout, de temps en temps, et si possible, régulièrement est extrêmement bénéfique. Souvent au lever du jour, on a un contact plus direct avec qui on est et avec ce que nous dicte notre instinct. J'adore suivre ce que « ça me dit de faire ». Ce « ça » ne se trompe jamais. Ce que je suis est plus qu'un corps. C'est quelque chose de fluide, de très grand et qui touche à tout.

On peut être avec nos enfants (prendre le temps de juste être avec eux, de les regarder dans les yeux, de rire avec eux), créer ce qu'on veut et révolutionner le monde autour de nous. Du moment qu'on l'imagine et qu'on voit que ça peut se réaliser, tout est possible. Il faut voir les étapes, une à la fois, qui vont nous mener à notre but sans pour autant savoir comment l'atteindre. Il faut laisser la vie se faire et la laisser nous y mener. Il ne faut pas empêcher la vie d'opérer en fixant le déroulement nous-mêmes : on peut se couper d'opportunités incroyables ou de chemins auxquels on ne peut penser. La vie est synonyme d'abondance. Tout ce qui est important, c'est d'y croire.

Accepter l'abondance

Vivre dans l'abondance c'est avoir le temps. Avoir le temps est un sentiment profond de joie. Être présent et vivre « le moment », c'est honorer la vie et ce que l'on est. J'ai vécu pendant plusieurs années avec un tout petit salaire, sans toutefois manquer de rien, ni angoisser et ne me sentant jamais limitée (sentiments à éviter). Pour y arriver, il est bon de faire ce qu'il nous plaît et de désirer de petites choses toujours dans la confiance et le bonheur! On voit ensuite ce qui se mettra sur notre chemin et on gagne confiance en notre pouvoir. Il faut réapprendre à être libre et spontané et à vivre le plaisir dans chaque petite chose. Il faut se libérer de nos limites «castrantes», de nos pensées et de nos émotions restrictives. Il est possible de le faire; je suis passée par là. Petit à petit on peut y arriver. Il suffit seulement d'être conscient de ce que l'on envoie comme message.

Dans un tel processus, notre entourage en bénéficiera tout autant que nous. Notre bien-être et notre confiance seront transmis, par exemple, à nos enfants. Nous sommes responsables de leur créer un environnement libre de stress et d'angoisse pour qu'ils puissent s'épanouir. Ils apprennent tout de nous et sont branchés sur nos états d'âme qui dictent nos façons d'agir. En ce sens, la maison émotionnelle dans laquelle ils vivent est probablement plus importante que celle de briques qui les entourent.

Lorsqu'on est à «notre» place, branché sur notre instinct et sur le «bon», tout se place naturellement et est énergisant. On aime ce que l'on fait et nos rêves se réalisent alors qu'à contre-courant, les obstacles nous épuisent. Et plus notre demande sera généreuse pour notre entourage immédiat, plus celle-ci sera facilement réalisable à l'encontre d'une demande égoïste qui ne contribue qu'à notre bien-être personnel. Il est évident que les forces universelles sont plus abondantes lorsque les «commandes» sont bienveillantes et engendrent du bonheur pour plusieurs. Imaginez comment on pourrait s'enrichir si tous ensemble nous pensions ainsi. Nos démarches personnelles peuvent avoir de puissantes répercussions.

Pour moi, le passage à la nouvelle année et les pleines lunes sont des moments que j'affectionne particulièrement. Il s'agit d'une occasion pour réfléchir à ce que je veux. J'aime prendre le temps de l'écrire ou de le dessiner. Depuis un certain Noël, nous le faisons en famille. Nous écrivons des souhaits que nous mettons dans une boîte. Ils sont tous en train de se réaliser. On doit pouvoir imaginer avec notre cœur, sans se mettre de limite, mais être convaincu que notre désir est réalisable.

Il faut avant tout savoir ce que l'on veut. Une bonne façon que j'ai trouvée pour recevoir ces idées qui sommeillent en moi est de m'allonger sur le dos et de les laisser venir. Ensuite, toujours couchée, je les suis dans ma tête, je fais le tour de celles-ci, je les explore et place tout en harmonie avec ce que je suis, désire, vis. Une fois que tout est clair, j'y crois. Si on ne sait pas ce que l'on veut, on ne peut pas le manifester.

Il existe certainement une liberté fantastique à n'avoir et ne dépendre d'aucun bien matériel dans sa vie. Mais avant d'y arriver, il ne faut pas se sentir coupable d'en recevoir : les accepter avec gratitude et les faire circuler. Le bonheur est là tout le temps. Il faut seulement se couper du tourbillon entretenu par nos multiples pensées toxiques qui nous empêchent d'en profiter !

La magie m'a permis de réaliser de grands accomplissements, pour ma famille et pour moi. Aujourd'hui, nos fils peuvent commencer à faire des demandes et à remercier. Ils sont en santé, au sens large du terme, et ils vivent dans un environnement sain, en contact avec la nature. L'apprentissage de la magie pour eux n'en sera que plus facile. Les enfants rêvent facilement et ce sont souvent nous, les adultes, qui exprimons des doutes, mettons en relief les embûches. Nous devons réapprendre à rêver comme eux, car la joie et le bonheur sont à portée de main.

En résumé

Un de mes rêves a déjà été de faire partie d'un film de Walt Disney. Lorsque j'ai joué dans le film avec Eddie Murphy[29], le réalisateur venait de faire un film pour Walt Disney. À cette

---

29 *Les Aventures de Pluto Nash*, Warner Bros, 2002.

époque, je me disais que je devais juste envoyer ce que je souhaitais dans l'univers… ce n'était pas assez clair !

Il faut bien sûr savoir ce que l'on veut, clairement, et le demander nous permet de le définir. Ensuite, il nous suffit d'y croire sans faille et aussi et surtout (c'est ce qu'il me manquait avant) ressentir notre visualisation, nous impliquer dedans, nous imaginer avec ce que l'on veut et le faire croire à notre corps et à notre esprit.

Enfin, faire un premier pas instinctif vers notre rêve : c'est imaginer la première étape, voir par quoi il faut commencer et comment y aller. Puis se laisser conduire ! Je suis peut-être en train de réaliser ma mission dans la vie. En tous les cas, tous mes projets sont ce que je suis, comblée.

CONCLUSION

« Sois toi-même le changement
que tu veux voir dans le monde. »
Gandhi (1869-1948)

Sur mon frigo, j'ai affiché la citation suivante : « Si tu meurs demain, que veux-tu faire aujourd'hui ? » Cette phrase me donne envie de vivre comme on se doit de le faire. Si je dois mourir demain, je veux être avec mes enfants et mon amoureux aujourd'hui. Cette question peut aider à nous ramener vers l'essentiel. Pour moi, c'est ma famille. C'est ça, la vie. Certains peuvent faire des choix pour mieux profiter des moments qui les comblent. Je crois que plusieurs passent à côté de la vie au profit de leurs besoins matériels. Je suis consciente qu'il faut « gagner » sa vie, mais il y a un équilibre heureux à atteindre, certainement en s'investissant dans notre vie.

J'aime ma carrière et je veux continuer à jouer, mais le fait d'avoir pris le temps de m'arrêter et de vivre avec ma famille, à la campagne, m'a amenée dans un premier temps à savourer l'arrêt et étrangement, à réaliser de fabuleuses aventures. J'ai appris à favoriser le contact avec ce qui est autour de moi, mes amours, la nature, le calme, et aussi ce qui est en moi, le sens de mon existence ! Quand on est dans la non-performance, dans la non-productivité, dans la non-surconsommation et qu'on est plutôt en harmonie avec la société, tout se passe bien, tout est fluide et suit son cours. Nous ne sommes pas obligés de suivre le rythme infernal que la société d'aujourd'hui semble vouloir nous imposer. Pourquoi ne pas s'arrêter et suivre tout simplement le courant de notre création ?

L'harmonie

Je suis aussi bien sûr en harmonie avec mes enfants, je suis leur rythme, leurs élans et une paix s'installe dans notre vie. Je crois sincèrement que lorsque l'on respire le bonheur, on fait émerger le bonheur autour de nous. Les autres en profitent également. Avec ce livre, j'ai voulu partager ce qu'est le bonheur pour moi. Je l'ai mentionné au tout début, il ne s'agit pas d'une recette à appliquer dans sa propre vie sans réfléchir. Au contraire, je l'ai écrit dans l'espoir de susciter des réflexions. On accepte peut-être trop facilement les modèles que la société nous propose, même s'ils ne nous rendent pas heureux. Et même s'ils suggèrent de laisser nos enfants en détresse. Soyons sceptiques et surtout écoutons-nous, les réponses viennent de l'intérieur. J'espère que certains outils présentés dans ces pages vous seront utiles, que vous trouverez votre nirvana, car il n'y a pas de temps à perdre. Oubliez et repoussez les regrets et remplacez-les par vos rêves et vos désirs.

Nous sommes responsables de notre bonheur autant que de celui de nos enfants. Ils ont besoin de leurs parents et de modèles à observer et à imiter. Rien ne vaut la compréhension et le réconfort qu'on peut leur donner. Rien n'est plus gratifiant et merveilleux que de les voir s'émanciper, radieux (plutôt qu'en lutte pour leur survie et pour se faire entendre), rieurs, apaisés, à l'aise, chantonnant, et se réveillant avec le sourire et l'œil coquin. Nous nous devons de les respecter et de répondre à leurs besoins primaires pour qu'ils puissent ainsi bien grandir et avoir la possibilité de devenir plus tard des adultes épanouis, aimant la vie. Lorsque nous sommes une présence rassurante pour eux, nous sauvons leur pureté qui n'a d'égal dans ce monde. Comment poursuivre une quête ailleurs dans notre vie alors qu'elle prend tout son sens auprès d'eux? Mes années avec mes enfants m'ont tout donné. Je suis inspirée au quotidien par ces deux êtres d'exception.

> **Nous sommes responsables de notre bonheur autant que de celui de nos enfants.**

Le bonheur

Chacun est responsable de sa vie et de son bonheur. On est habitué à le «chercher» au lieu d'«être» dans la félicité et le retrouver à tout moment, avec notre seule «conscience»: je sais maintenant que lorsque je suis complètement présente à ce qui se passe, j'ai un sentiment de plénitude et de bien-être.

Changeons notre approche et notre façon de vivre. Au quotidien, prenons le temps de vivre en famille, avec nos amis et chérissons ce que l'on a pour mieux l'apprécier et l'aimer. Nous avons gagné à la plus grande loterie de l'univers, à savoir celle d'être en vie. Nous nous devons d'honorer ce cadeau sur une base quotidienne. Honorer qui nous sommes, nos enfants, la terre qui nous nourrit, nos rêves. Déjà si la vie nous a donné la chance de naître dans un pays en paix, de surcroît «riche» et si nous sommes en santé, nous devrions vivre dans une gratitude constante. J'ai l'impression qu'on se crée des soucis pour des choses qui ne sont tellement pas importantes. Il semble malheureusement que nous ayons besoin de tragédie pour être en mesure de le réaliser. N'attendons pas de catastrophe pour savoir vivre.

Par ailleurs, on ne peut jamais évaluer l'effet d'un événement sur notre vie. Nous ne réalisons pas l'influence de nos actions non plus. L'échec autant que la réussite peuvent nous mener là où nos rêves nous attendent. J'ai aussi tendance à croire qu'on ne se trompe pas en suivant notre instinct et que rien n'arrive pour rien. Un résultat qui nous semble négatif peut nous conduire à un succès personnel. Ainsi, lorsqu'on se couche le soir, il est important d'être satisfait de notre investissement dans chacune de nos actions et non des résultats. Surtout qu'au quotidien, s'investir dans ce que l'on fait, tout en suivant notre instinct nous ramène au présent, là où se trouve le bonheur.

Suivons nos idées parce que notre vie demande à être réalisée ou à se réaliser. Prenons un moment, chaque matin, pour les écouter, cerner nos désirs et les explorer. Tout doit se faire facilement, sans trop insister. Faisons confiance en l'existence. Sans jamais arrêter de croire en nous et en nos rêves. Quand on doute, on ralentit le processus. On peut même passer à côté du but. Je vois les hésitations comme des lignes qui nous font diverger de notre chemin.

Prendre le temps de s'arrêter

J'ai connu l'acharnement dans le vide, la course pour ne rien gagner! Je me trouve si chanceuse d'être maintenant là où je suis, dans un chemin où il fait si bon vivre et où le vent m'amène ce que je désire, aisément. J'ai suivi mon intuition de mère qui me dictait très fort de rester avec mon fils, de refuser ce qu'on m'offrait pour être avec lui, et cet amour a éclairé des idées qui ne demandaient qu'à être écoutées. Merci. Je suis reconnaissante d'avoir eu le culot de les suivre avec le sourire. En réponse, la vie m'offre des atouts inespérés et multiplie les belles opportunités. Les signes arrivent en profusion et confirment que je suis à la bonne place : physiquement, dans ma tête et dans mon cœur.

Quelle grâce d'avoir mis fin à toute cette frénésie de la femme performante et contrôlante qui veut tout et qui ne prend pas le temps de s'arrêter, de se poser les vraies questions, de se demander si elle a vraiment ce qu'elle désire et si elle vit son bonheur. Mon instinct m'a guidée vers mon enfant et une pause de vie, avec lui et mon homme à mes côtés. Je me suis bien sûr demandé parfois si j'avais bien fait de refuser ces rôles sans y songer plus longtemps. Alors que je ne suis que maman et actrice, de grandes réalisations ont pu ainsi voir le jour. Je suis nourrie comme je ne l'ai jamais été, je vis un sentiment de plénitude au quotidien, je ne me questionne plus, je crois en mon instinct. Tout coule, tout se place et arrive comme il se doit. J'apprécie tellement cette façon de vivre et d'être.

Notre vie

Qu'est-ce que l'on souhaite pour soi ? Pour nos enfants ? Avec notre partenaire ? Laissons venir les idées et dès lors, aidons-les à se réaliser en laissant aussi la magie opérer. En tirant les ficelles et en essayant de tout gérer, de pousser et de performer, on s'éloigne de la vie et on l'empêche d'émerger et de nous ramener à notre place. Il ne faut pas nager à contre-courant ! Je ne crois pas à la nonchalance, ni à l'oisiveté pas plus qu'à la non-action : il faut entreprendre des démarches, en étant toujours à l'écoute. Tout s'enchaîne harmonieusement vers nos désirs lorsque nous sommes dans le bon état d'esprit. Ainsi nous pouvons découvrir notre rôle réel. Ce n'est pas en suivant le courant des autres que notre vie prend son sens !

Est-ce sur le plan professionnel que vous réussissez votre vie et trouvez le bonheur ? Il existe bien entendu des exceptions (certains vivent l'enchantement, mais ça ne me semble pas être la règle !) L'idée n'est pas d'arrêter de travailler, mais de se questionner sur notre satisfaction reliée à notre boulot. Nous pouvons nous interroger ainsi en rapport à toutes nos activités. Sommes-nous sur la route de la prospérité ? Sinon, comment y arriver ? Le bonheur passe par le changement et par l'inconnu très souvent. Le travail, de façon générale, ne représente qu'un rôle et nous ne pouvons pas nous définir par celui-ci. Nous devons gagner notre vie, mais nous ne sommes pas juste ça ! Nous sommes avant tout des êtres humains qui vivent des situations jour après jour avec une certaine sensibilité. Ce qu'on est vraiment ressort possiblement davantage avant et après nos heures de travail. Tentons de devenir ce que nous désirons à ces moments et les répercussions résonneront nos journées durant.

Essayons d'être flexible pour ainsi donner libre cours à cette magie. Tout contrôler nous éloigne de la vie et de la santé. Être, c'est s'arrêter. Vivre, c'est s'arrêter et regarder autour de nous et en nous.

J'écoute et j'essaie ce que mon flair me dit. Tout me plaît et tout me ressemble. On peut demander de grandes choses et elles se feront aussi facilement que les petites ; il faut seulement y croire, sans faille. Mes journées sont très occupées, mais remplies de passions que j'ai désirées, et qui sont énergisantes. Tout est logique, harmonieux et se rejoint. Sans tout comprendre, je sais profondément que je suis à la bonne place, branchée sur mon instinct et les miens. Je vis ma vie et elle me réjouit.

Réconforter nos enfants, prendre le temps d'être avec eux, miser sur notre santé, nos rêves, nos amours, vivre dans un environnement apaisant, être inspiré par la nature, c'est possible si c'est ce que l'on souhaite vraiment. Changer ses habitudes et sa façon de voir les choses peut sembler difficile, mais en réalité, cela peut aussi être le début d'une nouvelle vie excitante. La performance, la surconsommation, la course folle, voilà ce qui n'est pas simple et étourdissant. Être totalement, en harmonie avec soi-même, ses proches et avec sa vie, c'est ça le bonheur !

Être totalement en harmonie avec soi-même, ses proches et avec sa vie, c'est ça le bonheur !

Exister, profiter et prospérer, c'est m'arrêter, entourée de mes amours et réaliser mes idées, mes rêves. C'est aussi de marcher en prenant mon temps le matin avec les enfants ou d'être avec eux assis dans l'herbe, de les regarder courir mettre une branche d'arbre au feu et de cueillir tranquillement des trèfles pour nourrir le lapin ; c'est de les observer avec tendresse et surtout, de voir la reconnaissance qui se dégage de leur regard, d'admirer leur sourire et l'éclat de leurs yeux lorsqu'ils sont heureux. Je crois que l'on doit passer par ces expériences pour prendre conscience d'à quel point on peut être bien dans notre vie. Tout cela est possible.

REMERCIEMENTS
ON EST RICHE DE PAR
LES GENS QU'ON CONNAÎT

Merci à mes parents pour leur foyer d'amour, de traditions et de valeurs, ainsi que pour les voyages et mon éducation fort enrichissante.

Merci à Nanette, tu fais partie de notre famille.

Merci à Warren, tes classes m'ont non seulement formée comme actrice, mais aussi comme être humain.

Merci à Hélène et Suzanne des Mutins, vous m'avez offert un milieu extraordinaire pour mon adolescence, en plus de mes premières expériences de scène.

Merci à Murielle Laferrière, Lucie Robitaille, Danielle Fichaud et Jean-Claude Lord, vous avez ouvert mon chemin d'actrice.

Merci à Podz, Louis Choquette, Daniel Poisson et Pierre Pageau de m'avoir offert mon deuxième départ.

Merci à André Dupuis et Michelle Allen, pour ces rôles exceptionnels.

Merci à tous ceux qui se sont placés sur mon chemin vers une vitalité toujours plus grande, Nathalie Van Eckoudt, Luc Larivée, Ennam Takla pour ne nommer qu'eux.

Merci à tous ceux qui se trouvent sur le chemin de la réalisation de mes désirs et rêves les plus fous, Monique Fournier et Bernard Alonzo.

Merci à tous ceux qui rendent ma vie des plus agréables chez Lexus Prestige.

Merci Birks, Nadya Toto, Christian Chenail et Souris Mini de m'avoir «bijoutée» et de nous avoir habillés pour les photos.

Merci Marie-Josée Soucy et Nathalie Côté qui ont transcrit mes pensées pour ce livre au moment où bébé était dans mes bras. Merci Nadine pour ton accompagnement tout au long de l'édition. Ta douceur est merveilleuse et réconfortante.

Merci à Rémi Baril pour ton temps, ton savoir-vivre, ta générosité.

Et vous, mes trois amours, je remercie chaque jour qui me permet d'être avec vous. Vous m'inspirez tout. Vous avez ouvert de si grandes portes pour moi en plus d'être des personnes exceptionnelles. Je suis la plus choyée. Je chéris ma vie à vos côtés et la souhaite à jamais remplie de merveilleuses aventures, de rires, d'amour, de complicité.

Merci mes deux fils de m'avoir permis d'être la maman que je suis. Louis, merci pour ta patience tout au long de l'écriture de ce livre. Charles, merci de m'avoir encouragée avec tes sourires. Mon chum, merci de me valoriser, d'avoir été près de moi tout au long de cette expérience, d'être mon partenaire pour tout et dans tout. Je ne peux rêver de mieux. Merci d'avoir cru en ce livre, de m'avoir suivie dans l'écriture, d'avoir tout revu avec moi, ligne après ligne.

Suivez les Éditions Publistar sur le Web :
www.edpublistar.com

Cet ouvrage a été composé en New Caledonia 11/15
et achevé d'imprimer en janvier 2012 sur les presses
de Imprimerie Lebonfon Inc., à Val-d'Or, Canada.

certifié   procédé   100% post-   archives   énergie
      sans chlore   consommation   permanentes   biogaz

Imprimé sur du papier 100 % postconsommation,
traité sans chlore, accrédité Éco-Logo et fait à partir de biogaz.